KB043653

포켓북 **왕초보 일본어 문법**

포켓북 **왕초보 일본어 문법**

2023년 01월 10일   초판 인쇄
2023년 01월 15일   초판 발행

지은이   박해리
발행인   손건
편집기획   김미연
디자인   임선우
마케팅   최관호
제작   최승룡

발행처 **LanCom** 랭컴
주소   서울시 영등포구 영신로34길 19
등록번호   제312-2006-00060호
전화   02) 2636-0895
팩스   02) 2636-0896
이메일   elancom@naver.com

ⓒ 박해리 2023
ISBN 979-11-92199-27-6   13730

왕초보 일본어 문법

LanCom
Language & Communication

Preface

요즘 외국어 교육에 있어서 회화만을 강조하고 문법을 소홀히 하는 경향이 있습니다. 물론 영어의 경우는 지나치게 문법 위주로 교육을 시키다 보니 외국인을 만났을 때 말 한마디 제대로 못하는 절름발이 지식이 되어 왔던 것은 사실입니다.

그러나 외국어는 우리가 태어났을 때부터 자연스럽게 습득된 것이 아니기 때문에 문법을 통해서만이 그 나라 말을 제대로 이해할 수 있게 되는 것입니다. 특히 일본어를 어려서부터 배우지 않고 대부분 성인이 되어서 배우기 때문에 우리말이 고착된 상태에서 무조건 암기하는 것은 소기의 목적을 달성하기가 대단히 어려울 뿐만 아니라 학습효과에도 별로 도움이 되지 못합니다.

일본어 문법은 우리말 문법 구조와 비슷하여 익히기가 쉽다지만 대다수의 학습자들이 용언의 활용에서 포기하고 맙니다. 이것은 일본어 공부를 포기하는 경우나 마찬가지입니다. 활용을 제대로 이해하지 못하면 사전을 찾을 수 없을 뿐만 아니라 회화, 작문, 독해를 제대로 할 수가 없기 때문입니다. 이처럼 문법을 밑바탕으로 공부하지 않으면 어설픈 공부가 되고 마는 것입니다.

따라서 이 책은 그 동안의 많은 강의 경험을 살려 일본어 학습자를 위해 다음과 같은 특징으로 엮어 보았습니다.

1. 언제 어디서든 꺼내서 볼 수 있도록 휴대하기에 간편한 포켓북 사이즈 책을 만들었습니다.

2. 일본 학교에서 가르치는 문법을 기본으로 하여 이해하기 쉽도록 적절히 우리 실정에 맞게 활용어를 세분화하였습니다.

3. 각 용언의 활용을 쉽게 이해할 수 있도록 체계적인 예를 두었으며, 용례도 다루어 이해의 폭을 넓혔습니다.

4. 기존의 문법서와는 달리 각 활용어에 관련된 표현을 적절한 예문을 통해 문장에서 쓰임을 정확히 이해하도록 하였습니다.

5. 용례의 해석은 되도록 의역을 피하고, 문법을 정확히 이해하도록 직역을 하였습니다.

끝으로 이 책은 일본어에 대한 초보적인 학습을 마쳤거나, 문법을 통해 일본어를 처음부터 다시 시작하려는 학습자를 대상으로 하였습니다. 아직 일본어에 감이 잡히지 않은 학습자들에게 일독을 권하고 싶습니다.

2023. 01

Contents

PART
1

명사

일본어의 명사

1. 명사의 특징

① 자립어로 활용이 없다.
② が·は·を·の·に… 등의 조사를 붙여서 문절을 만들 수 있다.
③ 주어가 될 수 있다.
④ 용언(동사·형용사·형용동사)에 대해 명사는 체언이라고 한다.

2. 명사의 종류

보통명사 사물의 이름을 나타내는 것으로, 보통명사에는 형태적인 것, 추상적인 것, 위치나 방향 등을 나타내는 것이 있다.

家_{いえ} 집   学校_{がっこう} 학교   幸福_{こうふく} 행복   前_{まえ} 앞   등

고유명사 인명 등 특정한 사물의 이름을 나타낸다.

田中_{たなか} 다나카   ケネディ 케네디   東京_{とうきょう} 도쿄   등

대명사 사람이나 사물의 이름을 말하지 않고 직접 가리켜서 말하는 단어를 대명사라고 한다.

① 인칭대명사

일본어에서도 우리말과 마찬가지로 대인관계나 친소관계에 따라 사람을 가리키거나 부를 때 쓰는 인칭대명사가 다양하다.

1인칭	2인칭	3인칭			부정칭
		근칭	중칭	원칭	
わたくし 저 わたし 저·나 ぼく 나 おれ 나	あなた 당신 きみ 자네·너 おまえ 너	このかた 이 분 このひと 이 사람	そのかた 그 분 そのひと 그 사람	あのかた 저 분 あのひと 저 사람 かれ 그·그이 かのじょ 그녀	どなた 어느 분 だれ 누구 どのひと 어느 사람

わたし 현재 가장 보편적으로 쓰이고 있는 1인칭대명사로 보다 정중한 표현은 わたくし이다.

あなた 우리말에서도 「당신」이나 「댁」과 같은 말이 제한되어 사용되고 있듯이, 일본어에서도 직접 지칭하는 2인칭대명사의 사용을 피하는 경향이 있다. 실제 언어생활을 살펴보더라도 あなた를 사용하는 것보다 상대의 이름 뒤에 さん을 붙이거나 직함을 붙여 사용하는 것이 일반적이다.

3인칭대명사 연체사 この(이), その(그), あの(저), どの(어느)에 ひと人(사람), かた方(분)를 접속하여 나타낸다.

부정칭 どなた는 だれ의 존칭으로 상대방의 이름이나 신분을 모를 때 쓰이는 말로, 우리말로 표현할 적당한 대응어가 없다. どのかた는 どのひと의 존칭으로 여러 사람 중에서 한 사람만을 찾을 때 쓰는데 우리말로는 「어느 분」에 해당한다.

② 지시대명사

지시대명사는 사물·장소·방향을 가리킬 때 쓰이는 지시 대명사로 こ(이)·そ(그)·あ(저)·ど(어느)에 각기 다른 말을 접속하여 나타낸다.

	근 칭	중 칭	원 칭	부정칭
사 물	これ 이것	それ 그것	あれ 저것	どれ 어느 것
장 소	ここ 여기	そこ 거기	あそこ 저기	どこ 어디
방 향	こちら こっち 이쪽	そちら そっち 그쪽	あちら あっち 저쪽	どちら どっち 어느 쪽

＊ 사물을 가리키는 지시대명사는 그 의미와 용법에 있어서 우리말의 「이것·그것·저것·어느 것」과 동일하다.
＊ 장소를 나타내는 지시대명사 우리말과 거의 비슷하며, あそこ는 あこ라고 하지 않도록 주의해야 한다.
＊ 방향을 가리키는 지시대명사는 회화체에서는 こっち·そっち·あっち·どっち로 줄여서 쓰인다.

③ こそあど 용법

3인칭대명사와 지시대명사에서 보듯이 머리글자가 こ-, そ-, あ-, ど-로 되어 있다. 이것들을 일명 こそあど용법이라고 한다. 대명사 이외에 연체사나 부사어로도 쓰이는 경우가 있다. 도표로 정리하면 다음과 같다.

	こ- 근칭	そ- 중칭	あ- 원칭	ど- 부정칭
연체사 ①	この 이	その 그	あの 저	どの 어느
연체사 ②	こんな 이런	そんな 그런	あんな 저런	どんな 어떤
부　사	こう 이렇게	そう 그렇게	ああ 저렇게	どう 어떻게

※ 연체사란 체언을 수식하는 말이다. 부사 ああ는 あう라고 하지 않도록 주의한다.

4. 수사

일본어 수사에는 한자어 수사와 고유어 수사가 있다. 한자어 수사는 중국음으로 읽는 것을 말하고, 고유어 수사는 우리말의 하나, 둘, 셋, 넷…처럼 일본어 고유어로 읽는 것을 말한다. 우리말에서는 고유어 수사로 아흔아홉까지 셀 수 있으나, 일본어에서는 열(とお)까지밖에 없다.

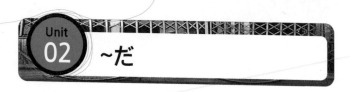

~だ

~だ	~이다
~だった	~이었다
~だろう	~일 것이다
~で	~이고, ~이며
~ではない	~이(가) 아니다
~でもない	~도 아니다
~ならば	~이라면
~なので	~이므로
~なのに	~인데

＊ 명사에 접속하여 단정을 나나내는 ~だ는 ~です의 보통체로 우리말의 「~이다」에 해당한다.

Pattern 01 ● ~だ

~だ는 우리말의 「~이다」라는 뜻을 가진 말로 단정을 나타내며, 단독으로 문장을 끝맺는다.

これは日本語を習うための文法の本だ。
이것은 일본어를 배우기 위한 문법책이다.

Pattern 02 ● ~だった

~だったは 단정을 나타내는 ~だ에 과거·완료를 나타내는 조동사 ~た가 접속된 형태로 「~이었다」의 뜻을 나타낸다. 정중한 단정을 나타내는 ~です를 접속하면 ~だったです의 형태로 과거·완료형인 ~でした와 같은 뜻을 나타낸다. 의미를 강조하기 위해 の(ん)을 삽입하여 ~だったの(ん)たです의 형태로도 쓰인다.

内山さんは去年まで新聞記者だった。

우치야마 씨는 작년까지 신문기자였다.

ここは前はきれいな公園だったと聞きました。

여기는 전에는 깨끗한 공원이었다고 들었습니다.

Pattern 03 ● ~だろう

~だろうは 단정을 나타내는 ~だ의 추측형으로 「~일 것이다, ~이겠지」의 뜻으로, 끝을 올려 발음하면 의문을 나타내기도 한다.

細川さんの息子さんはまだ大学生だろう。

호소카와 씨의 아드님은 아직 대학생일 것이다.

机の上にあるかばんはだれのだろうか。

책상 위에 있는 가방은 누구 것일까?

~で는 성질이 다른 앞뒤의 문장을 연결해 주는 역할을
하며, 원인이나 설명을 나타내기도 한다.

これは本で、あれはノートだ。

이것은 책이고, 저것은 노트이다.

きょうは休みの日で、学校へ行かない。

오늘은 휴일이어서 학교에 가지 않는다.

~ではない는 단정을 나타내는 ~だ의 부정형으로 우리말
의 「~이(가) 아니다」에 해당하며, 회화에서는 줄여서 ~
じゃない로도 쓰인다. ~ではない의 조사 は는 의미를 주
기 위해 쓰인 것으로 본래의 형태는 ~でない이다.

このボールペンは内山君のではない。

이 볼펜은 우치야마 것이 아니다.

いや、それは中山君の家じゃない。

아니야, 그건 나카야마 집이 아냐.

~だ의 부정형인 ~ではない의 조사 は를 も로 바꾸어 부
정어 ない를 접속하면 「~도 아니다」라는 뜻으로 두 가지
이상을 부정할 때 쓰인다.

あの人は韓国人でも中国人でもない。

저 사람은 한국인도 중국인도 아니다.

Pattern 07 ● ~なら(ば)

~なら(ば)는 단정을 나타내는 ~だ의 가정형으로 「~이라면」의 뜻을 나타낸다. 주로 가정의 뜻을 나타내는 조사 ば를 생략하여 ~なら의 형태로 많이 쓰인다.

ジュースなら僕も飲みたいですね。

주스라면 나도 마시고 싶군요.

Pattern 08 ● ~なので / ~なのに

명사에 객관적인 원인이나 이유를 나타내는 접속조사 ので가 이어질 때는 반드시 ~なので의 형태를 취한다. 또한 체념이나 불만의 기분을 나타내는 접속조사 のに가 이어질 때도 ~なのに의 형태를 취한다.

ぼくはまだ学生なので、旅行に行けない。

나는 아직 학생이어서 여행을 갈 수 없다.

彼は学生なのに、勉強をしません。

그는 학생인데 공부를 하지 않습니다.

~である

~である	~이다
~であった	~이었다
~であろう	~일 것이다
~であり	~이고, ~이며
~ではない	~이(가) 아니다
~でもない	~도 아니다
~であれば	~이라면
~であるので	~이므로
~であるのに	~인데

＊ 명사에 접속하여 단정을 나타내는 말에는 앞서 배운 ~だ 이외에 ~である가
있다. ~だ는 회화체에서 많이 쓰이지만, ~である는 문장체에서 많이 쓰인
다. 의미는 동일하다.

Pattern 01 ● ~である

~である는 단독으로 문장을 끝맺기도 하며, 체언을 수식
하기도 한다. 우리말의 「~이다」에 해당하며, 정중하게
표현할 때는 ~であります로도 쓰이긴 하지만, 이것은 격
식 차린 말 이외는 그다지 쓰이지 않는다.

平和は全世界の人々が望むものである。

평화는 전 세계 사람들이 바라는 것이다.

吉村さんは、この学校の設立者であります。

요시무라 씨는 이 학교의 설립자이십니다.

Pattern 02 ~であった

~であった는 단정을 나타내는 ~である에 과거·완료형의 조동사 た가 접속된 형태로 우리말의 「~이었다」의 뜻이다. 정중하게 말할 때는 ~であったです로 나타낸다.

昔、この建物はいちばん大きな総合病院であった。

옛날에 이 건물은 가장 큰 종합병원이었다.

奨学生であった彼が、今は会社の社長になった。

장학생이었던 그가 지금은 회사의 사장이 되었다.

Pattern 03 ~であろう

~であろう는 추측이나 의지를 나타내는 조동사 う가 접속된 형태로 「~일 것이다, ~이겠지」의 뜻을 나타낸다.

あのビルは今も大学の研究所であろう。

저 빌딩은 지금도 대학연구소일 것이다.

いちばん大きな問題は経済であろうと思います。

최근 가장 큰 문제는 경제일 거라고 생각합니다.

~でありは 단정을 나타내는 ~である의 중지형으로, 우리
말의 「~이고, ~이며」의 뜻에 해당한다. 또한 원인이나
설명을 나타낼 때는 접속조사 て를 연결하여 ~であって
의 형태로도 쓰인다.

これは調査の結果であり、それは統計である。

이것은 조사의 결과이고, 그것은 통계이다.

あすは月末であって、旅行に行けない。

내일은 월말이어서 여행을 갈 수 없다.

앞서 배운 ~だ의 부정형 ~ではない와 마찬가지로 ~であ
る의 부정형도 동일하게 ~ではない이다. 따라서 ~であら
ない라고 하지 않도록 주의해야 한다. 회화체에서는 ~
じゃない라고도 하며, 조사 は 대신에 열거를 나타낼 때
쓰이는 조사 も를 써서 ~でもない(~도 아니다)의 형태로
도 나타낸다. 또한 조사 は나 も를 쓰지 않고 ~でない로
도 쓰인다.

研究の失敗は彼の責任ではない。

연구의 실패는 그의 책임이 아니다.

ここは病院でも学校でもない。

여기는 병원도 학교도 아니다.

Pattern 06 ~であれば

단정을 나타내는 ~である의 가정형은 가정의 뜻을 나타내는 조사 ば가 접속된 형태인 ~であれば이다. 우리말의 「~이면」으로 해석한다. 또한 ~である의 가정형은 ~であるなら(ば)의 형태로도 쓰인다.

もしあす雨であれば、遠足は中止する。
만약 내일 비가 오면 소풍은 중지한다.

大学生であるならばそれくらいは知っているだろう。
대학생이라면 그 정도는 알고 있을 것이다.

Pattern 07 ~であるので(から) / ~であるのに

원인이나 이유를 나타내는 접속조사 ので(から)와 체념이나 불만을 나타내는 접속조사 のに는 である의 형태에 접속한다.

まだ試作品であるので、完全ではない。
아직 시작품이라서 완전하지 않다.

秘密の作業であるのに、相手が知っている。
비밀 작업인데도 상대가 알고 있다.

~です	~입니다
~でした	~이었습니다
~でしょう	~일 것입니다
~で（でして）	~이고, ~이며
~ではありません	~이(가) 아닙니다
~でもありません	~도 아닙니다
~なら（ば）	~이라면
~ですので	~이므로
~ですのに	~인데도

✳ 명사에 접속하여 단정을 나나내는 말에는 앞서 배운 ~だ와 ~である는 보통체이지만, 정중하게 말할 때는 ~です로 표현한다.

Pattern 01 ● ~です

정중한 단정을 나타내는 ~です는 명사에 접속하여 「~입니다」의 뜻을 나타내며, 단독으로 문장을 맺는다. 본래는 ~であります이지만, 현대어에서는 줄여서 ~です로 사용한다.

あそこに見(み)えるビルが私(わたし)の会社(かいしゃ)です。
저기에 보이는 빌딩이 우리 회사입니다.

テーブルの上^{うえ}にある帽子^{ぼうし}はあなたのですか。

테이블 위에 있는 모자는 당신 것입니까?

Pattern 02 ● ~でした

~でした는 과거·완료를 나타내는 た를 접속한 형태로 우리말의 「~이었습니다」에 해당한다. ~でした를 더욱 정중하게 격식차려 말할 때는 ~でありました로 쓰기도 한다.

きのうは海^{うみ}へ遊^{あそ}びに行^いって楽^{たの}しい日曜日^{にちようび}でした。

어제는 바다에 놀러 가서 즐거운 일요일이었습니다.

去年東京^{きょねんとうきょう}も寒^{さむ}い冬^{ふゆ}でしたか。

작년에 도쿄도 추운 겨울이었습니까?

Pattern 03 ● ~でしょう

~でしょう는 ~だろう(であろう)의 정중한 추측형으로, 추측을 나타내기도 하고(~일 것입니다), 상대방에게 확인하거나 자기가 말한 것에 대해 상대방의 동의를 구할 때도 쓴다.

きょうも雨^{あめ}ですから、あしたも雨^{あめ}でしょう。

오늘도 비가 내리니까 내일도 비가 내릴 것입니다.

あのベンチにかけている人^{ひと}は画家^{がか}でしょうか。

저 벤치에 앉아 있는 사람은 화가일까요?

Pattern 04 ● **~で / ~でして**

두 개의 문장을 ~で로 연결시킬 수 있는데, ~で는 성질이 다른 앞뒤의 문을 나열해주는 역할을 하기도 하며, 앞부분이 뒷부분의 원인 또는 설명이 될 때가 있다.

それは写真_{しゃしん}で、あれは葉書_{はがき}です。

그것은 사진이고, 저것은 엽서입니다.

Pattern 05 ● **~ではありません**

~ではありません은 정중한 단정을 나타내는 ~です의 부정형으로 우리말의 「~이(가) 아닙니다」에 해당한다. 회화체에서는 줄여서 ~じゃありません을 쓰기도 한다. 또, 여러 개를 부정하여 「~도~도 아닙니다」라고 할 때는 ~でも~でもありません이라고 한다.

これは山本_{やまもと}さんの自動車_{じどうしゃ}ではありません。

이것은 야마모토 씨의 자동차가 아닙니다.

Pattern 06 ● **~ではありませんでした**

명사를 정중하게 단정할 때 쓰이는 ~です의 과거형 ~でした를 부정을 나타내는 ~ではありません에 접속하면 「~이(가) 아니었습니다」의 뜻이 된다. 이것은 ~ではなかったです로도 표현할 수 있다.

<ruby>日曜日<rt>にちようび</rt></ruby>は<ruby>彼女<rt>かのじょ</rt></ruby>の<ruby>誕生日<rt>たんじょうび</rt></ruby>ではありませんでした。

일요일은 그녀의 생일이 아니었습니다.

Pattern 07 ● ~なら(ば)

단정을 나타내는 だ의 가정형은 ならば 이다. 마찬가지로 정중한 단정을 나타내는 です의 가정형도 ならば의 형태를 취한다. 또한 ならば는 다른 말 뒤에 와서 그 앞의 것을 조건으로 들어 말할 때 쓰이며 가정의 뜻으로 쓰이는 조사 ば는 생략되는 경우가 많다.

<ruby>風邪<rt>かぜ</rt></ruby>なら<ruby>大<rt>たい</rt></ruby>したことではありません。

감기라면 대수로운 것이 아닙니다.

Pattern 08 ● ~ですので(から) / ~ですのに

원인이나 이유를 나타내는 접속조사 ので(から)는 です에 접속하며, 체념이나 불만을 나타내는 접속조사 のに도 です에 접속한다.

<ruby>公務員<rt>こうむいん</rt></ruby>ですので、<ruby>不正<rt>ふせい</rt></ruby>なことをしてはなりません。

공무원이기 때문에 부정한 짓을 해서는 안 됩니다.

あすは<ruby>休<rt>やす</rt></ruby>みですから、お<ruby>訪<rt>たず</rt></ruby>ねいたします。

내일은 쉬니까 찾아뵙겠습니다.

<ruby>山田<rt>やまだ</rt></ruby>さんはお<ruby>金持<rt>かねも</rt></ruby>ちですのに、けちです。

야마다 씨는 부자인데도 구두쇠입니다.

PART
2

형용사

일본어의 형용사

1. 형용사의 특징

① 자립어로 활용이 있다.

② 단독으로 술어가 된다.

③ 주로 사물의 성질이나 상태를 나타낸다.

④ 기본형의 어미는 반드시 ~い로 끝난다.

2. 형용사의 어간과 어미

우리말의 형용사는 의미로 분류하지만, 일본어의 형용사는 어미의 형태(い)로 분류한다. 일본어 형용사의 어미는 반드시 い로 끝난다.

기본형	어 간	어 미	의 미
よい	よ	い	좋다
わるい	わる	い	나쁘다
ながい	なが	い	길다
あたらしい	あたらし	い	새롭다

3. 형용사의 활용

형용사의 활용은 용법에 따라 어미 い가 かっ, かろ, く, けれ로 변하여 다른 여러 가지 말에 접속한다. 단, 동사와는 달리 명령형이 없으며, 의지나 권유의 뜻을 나타낼 수 없다. 참고로 이 책에서는 일본 학교문법의 틀을 달리하여 우리 실정에 맞게 필자의 의도대로 쉽게 활용의 명칭을 부여하였음을 일러둔다.

활용형	활용 예	의 미	접속어
기본형	ながい	길다	기본형
종지형	ながい	길다	문을 끝맺음
연체형	ながい時間	긴 시간	체언
정중형	ながいです	깁니다	です
과거형	ながかった	길었다	た
조건형	ながかったら	길었다면	たら
열거형	ながかったり	길기도 하고	たり
추측①	ながかろう	길 것이다	う
추측②	ながいだろう	길 것이다	だろう
부사형	ながく	길게	용언
접속형	ながくて	길고	て
부정형	ながくない	길지 않다	ない
가정형	ながければ	길면	ば
명사형	ながさ	길이	さ, み, け

※ 이 책에서는 어미의 변화 형태에 따라 크게 ~い ~く ~かっ ~けれ 어간의 다섯 가지로 분류하여 그 예를 들었다.

① 기본형

일본어 형용사의 기본형은 반드시 어미가 い 형태를 취한다. 이처럼 우리말 형용사는 의미로 분류하지만, 일본어 형용사는 어미의 형태로 분류한다는 점이 다르다.

기본형	어 간	어 미	의 미
あつい	暑	い	덥다
さむい	寒	い	춥다
やさしい	易し	い	쉽다
むずかしい	難し	い	어렵다

② 정중형

일본어 형용사의 기본형은 반드시 어미가 い의 형태로써, 이것은 우리말의 「~(하)다」에 해당하며 보통체이다. 그러나 형용사의 기본형에 정중한 단정을 나타내는 です를 접속하면 우리말의 「~ㅂ니다」의 뜻으로 정중체가 된다. 이 형태를 여기서는 정중형이라고 하여 분류하였다.

기본형	어 간	정중형	의 미
暑あつい	暑	暑いです	덥습니다
寒さむい	寒	寒いです	춥습니다
易やさしい	易し	易しいです	쉽습니다
難むずかしい	難し	難しいです	어렵습니다

③ 과거형

형용사의 과거형은 어미 い」를 かっ으로 바꾸고, 과거
·완료를 나타내는 조동사 た를 접속한 かった의 형태를
취한다. かった는 우리말의 「~(했)다」로 해석되며, 정중
하게 표현할 때는 かったです의 형태를 취한다.

기본형	어 간	과거형	의 미
暑あつい	暑	暑かった	더웠다
寒さむい	寒	寒かった	추웠다
易やさしい	易し	易しかった	쉬웠다
難むずかしい	難し	難しかった	어려웠다

④ 조건형

형용사의 조건형은 어미인 い가 かっ로 바뀌어, 과거·완
료를 나타내는 조동사 た의 조건형 たら를 접속된 かった
ら의 형태를 취한다. かったら는 우리말의 「~하면, ~했더
니」로 해석된다.

기본형	어 간	조건형	의 미
暑あつい	暑	暑かったら	덥다면
寒さむい	寒	寒かったら	춥다면
易やさしい	易し	易しかったら	쉽다면
難むずかしい	難し	難しかったら	어렵다면

⑤ 열거형

열거형은 어미 い가 かっ로 바뀌어, 상태의 열거를 나타내는 たり 접속된 かったり의 형태를 취한다. かったり는 우리말의 「~하기도 하고, ~하거나」로 해석된다.

기본형	어 간	열거형	의 미
暑ぁつい	暑	暑かったり	덥기도 하고
寒さむい	寒	寒かったり	춥기도 하고
易ゃさしい	易し	易しかったり	쉽기도 하고
難むずかしい	難し	難しかったり	어렵기도 하고

⑥ 추측형

형용사의 추측형은 어미 い를 かろ로 바꾸고, 추측을 나타내는 조동사 う를 접속하면 추측형이 된다. 그러나 이것은 현대 일본어에서는 관용적이 표현 이외는 그다지 쓰이지 않고, 기본형에 단정을 나타나내는 だ의 추측형인 だろう를 접속하여 상태의 추측을 나타낸다.

기본형	추측형 ①	추측형 ②	의 미
暑ぁつい	暑かろう	暑いだろう	더울 것이다
寒さむい	寒かろう	寒いだろう	추울 것이다
易ゃさしい	易しかろう	易しいだろう	쉬울 것이다
難むずかしい	難しかろう	難しいだろう	어려울 것이다

⑦ 부사형(중지형)

형용사의 중지형은 어미 い를 く로 바꾸면 된다. 형용사의 중지형 그 자체에 중지점 「、」을 표기하면 일단 문장을 중지하고, 또 다음 문장에 접속하는 역할을 한다. 또한 형용사의 중지형은 뒤에 용언(동사처럼 어미가 활용하는 말)을 수식하는 부사적인 역할을 겸하기도 한다.

기본형	어 간	부사형(중지형)	의 미
暑ぁつい	暑	暑く	덥게(덥고)
寒さむい	寒	寒く	춥게(춥고)
易やさしい	易し	易しく	쉽게(쉽고)
難むずかしい	難し	難しく	어렵게(어렵고)

⑧ 접속형

형용사의 접속형은 어미 い를 く로 바꾸고 열거나 원인·이유 등을 나타내는 접속조사 て를 연결한 형태로, 우리말의 「~(하)고, ~(하)며, ~(해)서」 등으로 해석된다.

기본형	어 간	접속형	의 미
暑ぁつい	暑	暑くて	덥고, 더워서
寒さむい	寒	寒くて	춥고, 추워서
易やさしい	易し	易しくて	쉽고, 쉬워서
難むずかしい	難し	難しくて	어렵고, 어려워서

⑨ 부정형

형용사의 부정형은 어미 い를 く로 바꾸고 부정의 뜻을
나타내는 ない를 접속하면 된다. 이 때 ない는 형용사 ない
(없다)의 뜻이 아니라 「~지 않다」의 뜻으로 부정을 나타내
며, 활용은 형용사와 동일하게 한다.

기본형	어 간	부정형	의 미
暑ぁつい	暑	暑くない	덥지 않다
寒さむい	寒	寒くない	춥지 않다
易やさしい	易し	易しくない	쉽지 않다
難むずかしい	難し	難しくない	어렵지 않다

⑩ 가정형

형용사의 가정형은 어미 い를 けれ로 바꾸고 가정의 뜻
을 나타내는 접속조사 ば를 연결하면 된다. ければ는 우
리말의 「~하면」의 뜻을 나타낸다.

기본형	어 간	가정형	의 미
暑ぁつい	暑	暑ければ	더우면
寒さむい	寒	寒ければ	추우면
易やさしい	易し	易しければ	쉬우면
難むずかしい	難し	難しければ	어려우면

기본형

형용사의 기본형은 문장을 끝맺거나(종지형), 체언을 수
식하기도 하고(연체형), 그밖에 여러 가지 조동사 そうだ,
らしい, ようだ에 접속하기도 한다. 또한 조사 ので·から
·のに·が·けれども·と·か 등에도 접속한다.

~い	~하다
~いです	~합니다
~い時	~할 때
~いそうだ	~한다고 한다
~いらしい	~한 것 같다
~いようだ	~할 것 같다
~いだろう	~할 것이다
~いので	~하므로
~いのに	~한데

일본어 형용사도 우리말의 형용사와 마찬가지로 기본형
~い 상태로 문장을 끝맺어 술어가 된다.

日本語は英語より易しい。

일본어는 영어보다 쉽다.

富士山は日本でいちばん高い。

후지산은 일본에서 가장 높다.

형용사를 정중하게 표현할 때는 정중한 단정을 나타내는
~です를 접속한다. 우리말의 「~ㅂ니다」에 해당한다.

このバラの花はとても赤いです。

이 장미꽃은 매우 붉습니다.

ここは暑いですけれども、ソウルは涼しいです。

여기는 덥지만, 서울은 시원합니다.

정중형에 의문이나 질문을 나타내는 종조사 か를 접속하
면 「~ㅂ니까」의 뜻으로 정중한 의문·질문을 나타낸다.

皆さん、これは青いですか、赤いですか。

여러분, 이것은 파랗습니까, 빨갛습니까?

형용사의 기본형에 ~の(ん)です가 접속되면 말을 강조하거나 어감을 고르게 한다. 회화체에서는 の를 줄여서 ん을 쓴다.

今、ソウルはたいへん寒いのです。

지금 서울은 매우 춥습니다.

これは熱いんですね、冷たいのをください。

이것은 뜨겁군요, 차가운 것을 주세요.

우리말에서는 형용사가 뒤의 체언을 수식할 때는 어미가 변하지만, 일본어에서는 기본형을 취한다.

ここでいちばん背の高い人はだれですか。

여기서 가장 키가 큰 사람은 누구입니까?

남에게 들은 이야기를 전할 때 쓰이는 전문의 조동사 ~そうだ는 형용사의 기본형에 접속되어 쓰인다.

ニュースによると来年の冬も寒いそうです。

뉴스에 의하면 내년 겨울도 춥다고 합니다.

Pattern 07 ● ~いらしい

추정을 나타내는 조동사 らしい는 형용사의 기본형에 접속하여 「~것 같다, ~듯하다」의 뜻을 나타낸다.

今年は梅雨明けが遅いらしいです。

올해는 장마가 늦게 끝나는 것 같습니다.

Pattern 08 ● ~いようだ

불확실한 단정이나 비유, 예시를 나타내는 조동사 ようだ는 형용사의 기본형에 접속하여 「~것 같다」의 뜻을 나타낸다.

この川はだいぶ深いようですね。

이 강은 꽤 깊은 것 같군요.

Pattern 09 ● ~いだろう

형용사의 기본형에 단정을 나타내는 だ의 추측형인 だろう가 접속하면 「~할 것이다」의 뜻을 나타낸다.

彼は大学に合格したので、気持ちがよいだろう。

그는 대학에 합격해서 기분이 좋을 것이다.

ソウルは今、冬だから寒いだろう。

서울은 지금 겨울이니까 추울 것이다.

Pattern 10 ● **~いでしょう**

형용사의 기본형에 です의 추측형인 でしょう를 접속하면
だろう보다 정중한 표현이 된다.

今度の試合は本当に難しいでしょう。

이번 시합은 정말로 어려울 것입니다.

デパートの品は市場の品より高いでしょう。

백화점 물건은 시장 물건보다 비쌀 것입니다.

Pattern 11 ● **기본형에 이어지는 조사**

일본어 형용사의 기본형에는 여러 가지 조사가 접속하여
다른 말과 관계를 나타낸다.

お金がないので買うことができません。

돈이 없어서 살 수가 없습니다.

寒いから外へ出ないでください。

추우니까 밖에 나가지 마세요.

吉村君より竹内君のほうが背が高いと思う。

요시무라보다 다케우치가 키가 크다고 생각한다.

おそらく寒いというでしょう。

아마 춥다고 하겠지요.

部屋が暗いと目にあまりよくありません。

방이 어두우면 눈에 별로 좋지 않습니다.

書くのは早いけれども字がきたない。

쓰는 것은 빠르지만 글씨가 지저분하다.

この小説は内容はよいがあまり長い。

이 소설은 내용은 좋지만 너무 길다.

貧しいながら我が家はほんとうに楽しい。

가난하지만 우리집은 정말로 즐겁다.

行くのがよいか悪いかよく分からない。

가는 것이 좋을지 나쁠지 잘 모르겠다.

彼は頭もいいし、体もいい。

그는 머리도 좋고 몸도 좋다.

吉村さんは体が悪いのに無理をしている。

요시무라 씨는 몸이 좋지 않은데 무리를 하고 있다.

この花は美しいばかりだ。

이 꽃은 아름다울 뿐이다.

ただ美しいだけではいけない。

그저 아름다운 것만으로는 안 된다.

ウグイスがうるさいほど鳴いています。

꾀꼬리가 시끄러울 정도로 울고 있습니다.

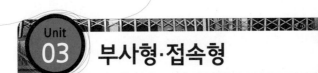

Unit 03 부사형·접속형

형용사의 어미를 ~く로 바꾸면, 용언에 이어져 부사적인
용법으로 쓰이거나, 문장을 중지하는 역할도 하며, 원인
이나 이유, 열거할 때도 쓰인다. 형용사의 접속형에 접속
하는 말로는 ならない, いい, たまらない, かまわない 등
이 있다.

~く	~히, ~하게
~く、	~하고, ~하여
~くなる	~하게 되다
~くする	~하게 하다
~くて	~하고, ~해서
~くてはいけない	~해서는 안 된다
~くてもいい	~해도 된다
~くてたまらない	~해서 못 견디겠다
~くてもかまわない	~해도 상관없다

Pattern 01 ○ ~く

형용사의 어미 い가 く로 바뀌어 용언에 이어지면 「~하게」의 뜻으로 부사적으로 쓰인다.

あしたはもう少し早く来てください。

내일은 좀 더 일찍 오세요.

Pattern 02 ○ ~くなる

형용사의 부사형에 「되다」라는 뜻을 가진 동사 なる를 접속하면 「~해지다, ~하게 되다」의 뜻으로 어떤 상태에서 다른 상태로 변하는 것을 나타낸다.

梅雨があがると天気がよくなる。

장마가 개이면 날씨가 좋아진다.

これから日本語はだんだん難しくなります。

이제부터 일본어는 점점 어려워집니다.

Pattern 03 ○ ~くする

어떤 상태에서 다른 상태로 바꿀 때, 즉 「~하게 하다」라는 표현을 할 때는 형용사의 부사형에 동사 する를 접속한다.

髪の毛を少し短くしてください。

머리카락을 조금 짧게 해 주세요.

형용사의 부사형은 ~く의 형태로 문장을 일단 중지하고
다음의 사항을 열거하거나 설명을 하는 말이 이어진다.

秋になると海は広く、山は高い。

가을이 되면 바다는 넓고 산은 높다.

お金もなく、食べ物もない。

돈도 없고 먹을 것도 없다.

① 형용사의 접속형은 앞, 뒤의 것을 나열해서 나타낸다.

このリンゴは大きくておいしいです。

이 사과는 크고 맛있습니다.

② 원인이나 이유, 설명을 나타낸다.

毎日忙しくて大変です。

매일 바빠서 힘듭니다.

③ 접속형은 중지형과 같은 의미를 나타내기도 한다.

山は高くて、谷は深い。

산은 높고 계곡은 깊다.

● ~くてはいけない

접속형에 ~てはいけない를 접속하면 「~해서는 안 된다」
의 뜻으로 금지를 나타낸다.

値段はあまり高くてはいけない。
ね だん   たか
가격은 너무 비싸서는 안 된다.

目に悪いから部屋は暗くてはいけません。
め   わる   へ や   くら
눈에 나쁘니까 방은 어두워서는 안 됩니다.

Pattern 07 ● ~くてもいい

접속형에 ~てもいい를 접속하면 「~해도 좋다(된다)」의 뜻
으로 허가나 승낙을 나타낸다.

今の状態ではお金がなくてもいい。
いま じょうたい   かね
지금의 상태로는 돈이 없어도 좋다.

品物さえ良ければ値段は高くてもいいです。
しなもの   よ   ね だん   たか
물건만 좋으면 가격은 비싸도 됩니다.

Pattern 08 ● ~くてたまらない

접속형에 たまらない가 접속하여 도저히 그런 상태로는
참을 수 없다는 뜻을 나타낸다.

今夜は熱帯夜で蒸し暑くてたまらない。
こん や ねったいや   む   あつ
오늘밤은 열대야로 무더워서 못 견디겠다.

食べ物もないし、お金もなくてたまりません。

먹을 것도 없고, 돈도 없어서 죽겠습니다.

Pattern 09 ● ~くてもかまわない

형용사의 접속형에 ~てもかまわない를 접속하면 「~해도 상관없다」라는 뜻을 나타낸다.

部屋が広かったら、駅から遠くてもかまわない。

방이 넓다면 역에서 멀어도 상관없다.

用事があるなら少し遅くてもかまいません。

용무가 있으면 조금 늦어도 상관없습니다.

Unit 04 과거형·열거형·조건형

형용사의 과거형은 그 자체로 문장을 끝내는 역할도 하며, 체언을 수식하기도 한다. 또한 과거형에 정중한 단정을 나타내는 です를 접속하면 정중한 과거를 나타내며, 조동사 そうだ, ようだ, らしい 등이 접속하고, 조사 ので, から, ばかり, と, し, が 등이 접속한다.

형용사의 조건형인 ~かったら는 가정조건이나 반대사실, 또는 확정조건을 나타낸다.

형용사의 열거형 ~かったり는 여러 가지 상태를 열거하며, 주로 ~かったり ~かったり する」의 형태로 쓰인다.

~かった	~했다
~かったです	~했습니다
~かっただろう	~했을 것이다
~かった時	~했을 때
~かったようだ	~했던 것 같다
~かったそうだ	~했다고 한다
~かったらしい	~했을 것 같다
~かったら	~하다면, ~했다면
~かったり	~하기도 하고

Pattern 01 ● ~かった

과거형은 어미 い를 かっ으로 바꾸고 과거·완료를 나타
내는 조동사 た를 접속한다. 따라서 ~かった의 형태로
문장을 끝맺기도 한다.

ゆうべのテレビのドラマはとても面白かった。

어젯밤 텔레비전 드라마는 매우 재미있었다.

Pattern 02 ● ~かったです

과거형에 です를 접속하면「~했습니다」의 뜻으로 정중
한 과거·완료를 나타내게 된다. 형용사를 정중하게 과거
·완료를 나타낼 때는 반드시 과거형에 です를 접속하여
야 하며, 형용사의 기본형에 です의 과거형인 でした를
접속하여 표현하지 않는다.

ゆうべはとても涼しかったです。

어젯밤은 매우 시원했습니다.

Pattern 03 ● ~かったの(ん)です

과거형과 です 사이에 の를 삽입하면 그 뜻을 강조하거
나 어감을 고르게 한다. 회화체에서는 ん으로 변한다.

入社試験はたいへん難しかったのです。

입사시험은 무척 어려웠습니다.

Pattern 04 ~かっただろう

과거형에 だ의 추측형인 だろう를 접속하면 「~했을 것이다」의 뜻으로 과거의 추측을 나타낸다.

ゆうべこの部屋は寒かっただろう。

어젯밤 이 방은 추웠을 것이다.

きのうの試験は彼に難しかっただろう。

어제 시험은 그에게 어려웠을 것이다.

Pattern 05 ~かったでしょう

과거형에 です의 추측형인 でしょう를 접속하면 「~했을 것입니다」의 뜻이 된다.

合格したので気持ちはよかったでしょう。

합격해서 기분은 좋았을 것입니다.

Pattern 06 ~かった＋体言

우리말에서는 뒤의 체언을 꾸밀 때는 과거형의 어미가 변하지만 일본어에서는 ~かった의 형태로 뒤에 오는 체언을 수식한다.

いちばん難しかった問題は何番でしたか。

가장 어려웠던 문제는 몇 번이었습니까?

불확실한 단정·비유·예시를 나타내는 조동사 ようだ가
과거형에 접속하여 「~했을 것 같다」의 뜻을 나타낸다.

ゆうべはとても寒かったようだ。

어젯밤은 매우 추웠던 것 같다.

きのうも彼は帰りが遅かったようです。

어제도 그는 귀가가 늦었던 것 같습니다.

전문을 나타내는 そうだ가 과거형에 접속하면 「~했다고
한다」의 뜻으로 전해들은 것을 말할 때 쓴다.

あの映画はとても面白かったそうだ。

그 영화는 매우 재미있었다고 한다.

ソウルの郊外は涼しかったそうです。

서울 교외는 시원했답니다.

형용사의 과거형에 추정을 나타내는 조동사 らしい가 접
속하여 「~한 것 같다」라는 뜻을 나타낸다.

去年の夏は今年に比べて暑かったらしい。

작년 여름은 금년에 비해 더웠던 것 같다.

조건형 ~かったら는 전문에서 상태의 완료를 조건으로
할 때도 쓰인다.

都合がよかったら一緒に行きませんか。
사정이 괜찮다면 함께 가지 않겠어요?

형용사의 어미 い를 かっ으로 바꾸어 조건을 나타내는
조사 たら를 접속하면「~한다면」의 뜻으로 조건형을 만
든다. たら 뒤에 오는 말은 주로 권유나 허가, 명령, 의지
등 말하는 사람의 뜻을 나타내는 말이 온다.

もし時間がなかったら、来なくてもいいです。
만약 시간이 없다면 오지 않아도 됩니다.

형용사 어미 い를 かっ으로 바꾸고 열거를 나타내는 조사
たり를 접속하면 열거형이 된다. 열거형은 주로 ~かった
り~かったりする의 형태로 여러 가지 상태를 열거하여「~
하기도 하고 ~하기도 한다」라는 뜻을 나타낸다.

彼女は顔も美しかったり、心も優しかったりする。
그녀는 얼굴도 아름답고 마음도 상냥하다.

Pattern 13 ● ~かったり ❷

반대되는 말을 두 가지 열거하여, 그 상태나 성질이 반복되는 것을 나타낸다.

魚の値段が高かったり安かったりする。

생선 가격이 비쌌다 쌌다 한다.

Pattern 14 ● 과거형에 이어지는 조사

ソウルは寒かったが、東京は暖かかった。

서울은 추웠지만 도쿄는 따뜻했다.

英語は易しかったけれども、数学は難しかった。

영어는 쉬웠지만 수학은 어려웠다.

品は安かったばかりではなく、品質もよかった。

물건은 쌌을 뿐만 아니라 품질도 좋았다.

そんなに高かったのに買いましたか。

그렇게 비쌌는데 샀습니까?

あまり面白かったので、一晩で読んでしまった。

너무 재미있어서 하룻밤에 읽어 버렸다.

あまり暑かったから、行きませんでした。

너무 더워서 가지 않았습니다.

料理もおいしかったし、雰囲気もよかった。

요리도 맛있었고 분위기도 좋았다.

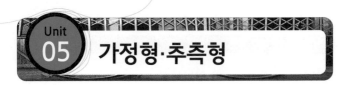
형용사의 가정형 ければ는 앞에서 배운 조건형 かったら
와 의미상 비슷하지만, たら가 개별적인 경우에 쓰이는
반면, ば는 일반적인 사실을 나타낼 때에 쓰인다. 그러므
로 ば는 말하는 사람의 객관적인 가정이 강하다.

형용사의 추측형은 말하는 사람이 어떤 것을 여러 가지
상황으로 보아서 사실로 인정할 수 있으리라 추측할 때
에 쓴다. だろう의 정중한 표현은 でしょう이다.

~ければ	~하면
~ければ~ほど	~하면 ~할수록
~も~ければ~も	~도 하며 ~도
~さえ~ければ	~만 ~하면
~かろう	~할 것이다
~いだろう	~할 것이다

※ 형용사의 어미를 けれ로 바꾸고 가정의 뜻을 나타내는 조사 ば를 접속하면
가정형이 된다. 또한 어미 い를 かろ로 바꾸고 추측을 나타내는 조동사
う를 접속하면 추측형이 된다. 그러나 이것은 현대어에서는 그다지 쓰이지
않고 기본형에 단정의 추측형인 だろう를 접속하여 상태의 추측을 나타낸
다. 정중하게 표현할 때는 です의 측측형인 でしょう를 접속하면 된다.

Pattern 01 ~ければ

형용사의 어미 い를 けれ로 바꾸고 조사 ば를 접속하면
일반적인 가정의 조건을 나타낸다.

天気が悪ければ運動会は中止する。

날씨가 나쁘면 운동회는 중지한다.

値段が安ければ僕も買うことができる。

가격이 싸면 나도 살 수가 있다.

Pattern 02 ~ければ ~ほど

형용사의 가정형 다음에 동일한 형용사의 기본형에 정도
를 나타내는 조사 ほど가 접속하면 「~하면 ~할수록」이라
는 뜻으로 그 상태의 정도가 더해짐을 나타낸다.

値段が安ければ安いほど品はよくありません。

가격이 싸면 쌀수록 물건은 좋지 않습니다.

部屋が広ければ広いほど家賃は高くなる。

방이 넓으면 넓을수록 집세는 비싸진다.

Pattern 03 ~も ~ければ ~も

열거할 때 쓰이는 조사 も가 형용사의 가정형 ければ와
함께 쓰이면 「~도 ~하며 ~도」의 뜻으로 가정의 뜻이 없
어지고 상태를 나열하는 표현이 된다.

この店は品も良ければ、値段も安い。

이 가게는 물건도 좋으며 가격도 싸다.

Pattern 04 ● ~さえ ~ければ

さえは 일반적으로 뒤에 부정의 말이 이어져 「~조차도, ~마저도」의 뜻을 가진 조사이지만, 형용사의 가정형 ければと 함께 쓰이면 「~만 ~하면」의 뜻으로 조건이 충족됨을 나타낸다.

天気さえ良ければ旅行に行けるのに。

날씨만 좋으면 여행을 갈 수 있을 텐데.

あなたさえ正しければそれまでだ。

당신만 올바르면 그만이다.

Pattern 05 ● ~いだろう(と思う) / ~いでしょう

현대 일본어에서는 형용사의 추측을 나타낼 때는 기본형에 단정을 나타내는 だの 추측형인 だろうと 접속하여 쓴다. 정중하게 표현할 때는 です의 추측형인 でしょうと 접속하면 된다. 또한, 형용사의 추측형에 ~と思うと 접속하면 「~하리라 생각한다」의 뜻으로 완곡한 추측의 표현이 된다.

試験に受かったので気持ちはよいだろう。

시험에 붙어서 기분은 좋을 것이다.

あの映画はとても面白いだろうと思います。

저 영화는 매우 재미있으리라 생각합니다.

今度の試合は本当に難しいでしょう。

이번 시합은 정말로 어려울 것입니다.

デパートの品は市場の品より高いでしょう。

백화점의 물건은 시장 물건보다 비쌀 것입니다.

Pattern 06 ● 추측형에 이어지는 조사

時間がないだろうがちょっと手伝ってくれ。

시간이 없겠지만 잠깐 거들어 주게.

ここより近いだろうけれども家賃が高い。

여기보다 가깝겠지만 집세가 비싸다.

忙しいでしょうがよろしくお願いします。

바쁘시겠지만 잘 부탁드립니다.

いつ彼女に会ったら良いだろうか。

언제 그녀를 만나면 좋을까?

これからどうすればよいでしょうか。

이제부터 어떻게 하면 좋을까요?

吉村さんは彼女の背は高いだろうと言いました。

요시무라 씨는 그녀의 키는 클 것이라고 말했습니다.

부정형

형용사의 부정형은 기본형과 마찬가지로 그 상태로 문장
을 끝맺거나(종지형), 체언을 수식하기도 하며(연체형),
형용사와 동일하게 활용을 한다. 그밖에 여러 가지 조동
사 そうだ, らしい, ようだ에 접속하기도 한다. 또한 조사
ので·から·のに 등이 접속한다.

〜くない	〜지 않다
〜くないです	〜지 않습니다
〜くありません	〜지 않습니다
〜くなかった	〜지 않았다
〜くなくて	〜지 않아서
〜くなければ	〜지 않으면
〜くないだろう	〜지 않을 것이다
〜くはない	〜지는 않다
〜くもない	〜지도 않다

※ 형용사의 어미를 く로 바꾸고 부정의 뜻을 나타내는 ない를 접속하면 부정
형이 된다. 이 때 ない는 형용사 ない(없다)의 뜻이 아니라 「〜지 않다」의
뜻이 된다. 그러나 활용은 형용사와 동일하게 한다.

형용사의 부정형 ~くない는 「~지 않다」라는 뜻으로 문을
끝맺는다. 부정어 ない는 형용사 ない와 동일하게 활용
을 한다.

ぼくは弟より背が高くない。

나는 동생보다 키가 크지 않다.

부정형에 단정을 나타내는 です를 접속하면 「~지 않습니다
」의 뜻으로 정중한 부정을 나타낸다. 또한, 이것과 동일한
뜻으로 형용사의 어미를 く로 바꾸고 ありません을 접속하
여 쓰기도 한다. 일반적으로는 후자 쪽이 더 많이 쓰인다.

この料理はあまりおいしくないです。

この料理はあまりおいしくありません。

이 요리는 그다지 맛이 없습니다.

부정형을 과거형으로 바꾸면 ~くなかった가 된다. ~くな
かった를 정중하게 표현할 때는 ~くありませんでした 이
외에 ~くなかったです를 쓰기도 한다.

きのうの映画はあまり面白くなかったです。

きのうの映画はあまり面白くありませんでした。

어제 영화는 그다지 재미있지 않았습니다.

Pattern 04 ● ~くなくて

부정형 ~くない의 접속형은 ~くなくて로 원인이나 이유,
설명을 나타낸다.

この部屋はあまり暑くなくていいですね。

이 방은 별로 덥지 않아서 좋군요.

Pattern 05 ● ~くなければ

~くなければ는 부정형인 ~くない의 가정형으로 「~지 않
으면」의 뜻이다.

料理がおいしくなければ行かない。

요리가 맛있지 않으면 가지 않는다.

Pattern 06 ● ~くないだろう(でしょう)

부정형인 ~くない에 추측을 나타내는 だろう를 접속하면
「~지 않을 것이다」의 뜻이 된다. 정중하게 부정추측을
표현할 때는 でしょう를 접속하면 된다.

あの料理はあまり辛くないだろう。

저 요리는 그다지 맵지 않을 것이다.

吉村さんは最近あまり忙しくないでしょう。

요시무라 씨는 요즘 별로 바쁘지 않을 것입니다.

Pattern 07 ● ~くはない(ありません)

부정을 뜻하는 말 앞에 は를 접속하면 「~지는 않다」의 뜻으로 부정을 강조하는 뜻이 된다.

ここにはあまり外国人は多くはない。

여기에는 그다지 외국인은 많지는 않다.

この荷物はあまり重くはありません。

이 짐은 별로 무겁지는 않습니다.

Pattern 08 ● ~くもない(ありません)

부정을 나타내는 말 앞에 여러 가지 열거하거나 강조의 뜻으로 쓰이는 조사 も를 삽입하면 「~지도 않다」라는 뜻이 된다.

この国はあまり寒くも暑くもない。

이 나라는 그다지 춥지도 덥지도 않다.

この問題はそんなに難しくもありません。

이 문제는 그렇게 어렵지도 않습니다.

형용사의 음편이란 어미 い가 う로 바뀌어 です의 정중형인 ございます가 접속하는 것을 말한다. 참고로 형용사의 음편은 동사의 음편과는 달리 관용적으로 굳어진 말 이외는 현대 일본어에서 일반적으로 쓰이지 않는다.

Pattern 01 ● 어미 바로 앞 음절이 お단으로 바뀐다

형용사의 어미 い 바로 앞 음절, 즉 어간의 마지막 음절이 あ단인 경우에 ございます가 접속하면 お단으로 바뀌며, 어미 い는 う로 바뀐다.

ありがたい 경사스럽다

→ ありがとうございます 고맙습니다

早い 이르다, 빠르다

→ おはようございます 안녕하세요/아침인사

高い 높다, 비싸다

たこうございます 높사옵니다, 비싸옵니다

형용사의 어미 형태가 ~しい인 경우는 ~しゅう로 바뀌어
ございます가 접속된다.

宜しい 좋다
<ruby>よろ</ruby>

→ よろしゅうございます 좋사옵니다

嬉しい 기쁘다
<ruby>うれ</ruby>

→ うれしゅうございます 기쁘옵니다

위에서 설명한 형용사 음편의 경우를 제외한 형용사는
어미가 う로 변하여 ございます가 접속된다.

寒い 춥다
<ruby>さむ</ruby>

→ さむうございます 춥사옵니다

暑い 덥다
<ruby>あつ</ruby>

→ あつうございます 덥사옵니다

PART

3

형용
동사

Unit
01 일본어의 형용동사

1. 형용동사의 특징

① 자립어이다
② 어미의 활용이 있고, 단독으로 술어가 된다.
③ 기본형의 어미는 だ이고, 문장체에서는 である로도
쓰인다.
④ 사물의 성질이나 상태를 나타낸다. 이 점은 형용사
와 동일하지만 어미의 형태와 활용이 다르다.

2. 형용동사의 어간과 어미

기본형	어 간	어 미	의 미
静かだ	静か	だ	조용하다
有名だ	有名	だ	유명하다
好きだ	好き	だ	좋아하다
豊かだ	豊か	だ	풍부하다

3. 형용동사의 명칭

① 형용동사

형용동사의 명칭은 일본의 학교문법의 정식 명칭으로 동사적인 성질과 형용사적인 성질을 갖고 있기 때문이다.

② 명사형용사

형용동사의 어간은 명사적인 성질이 강하지만 형용사적인 기능이 있으므로 사회문법에서는 명사형용사로 쓰기도 한다.

③ な형용사

형용동사는 명사를 수식할 때(연체형)는 어미 *だ*가 *な*로 바뀌고, 나머지 활용에 있어서는 단정을 나타내는 *だ*와 동일하다. 이러한 이유에서 사회문법에서는 *な*형용사라고 하기도 한다.

3. 형용동사와 명사+*だ*의 구별

*な*로 바꾸어 활용을 해 보아서 뜻이 통하면 형용동사이고, 뜻이 통하지 않으면 「명사+*だ*」이다.

<ruby>紳士<rt>しんし</rt></ruby>な<ruby>人<rt>ひと</rt></ruby> (×)　　　　<ruby>親切<rt>しんせつ</rt></ruby>な<ruby>人<rt>ひと</rt></ruby> (○)

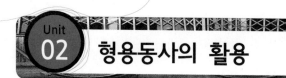

활용형		의 미	접속어
기본형	**静かだ**	조용하다	문을 끝맺음
추측형	**静かだろう**	조용할 것이다	**う**
과거형	**静かだった**	조용했다	**た**
조건형	**静かだったら**	조용하다면	**たら**
열거형	**静かだったり**	조용하기도 하고	**たり**
중지형	**静かで**	조용하고, 하며	
정중형	**静かです**	조용합니다	**です**
부정형	**静かでない**	조용하지 않다	**ない**
연체형	**静かなとき**	조용할 때	체언
가정형	**静かなら(ば)**	조용하면	**ば**
부사형	**静かに**	조용히	용언

① 기본형

일본어의 형용사는 우리말과 달리 두 가지 형대가 있다. 앞서 배운 어미가 い인 형용사와, 어미가 だ인 형용사가 있는데, 이것을 문법에서는 형용동사라고 한다. 형태만 다를 뿐 상태나 성질을 표현하는 점에서는 동일하다.

그러나 형용동사는 어간이 명사적인 성질이 강한 것이 많다. 우리말의 「명사 + 하다」의 형식으로 명사가 동작성이 있는 것(공부하다, 운동하다 등)은 동사이지만, 상태를 나타내는 경우(편리하다, 유명하다 등)에는 형용사가 된다. 따라서 우리말의 「명사 + 하다」로 되는 형용사의 경우는 대부분 일본어의 형용동사에 해당한다.

기본형	어 간	어 미	의 미
静しずかだ	静か	だ	조용하다
有名ゆうめいだ	有名	だ	유명하다
便利べんりだ	便利	だ	편리하다

② 추측형

형용동사의 추측형은 어미 だ를 だろ로 바꾸고, 추측을 나타내는 조동사 う를 접속한 だろう의 형태를 취한다. 문장체에서 쓰이는 である의 추측형은 であろう이다.

기본형	추측형	의 미
静しずかだ	静かだろう	조용할 것이다
有名ゆうめいだ	有名だろう	유명할 것이다
便利べんりだ	便利だろう	편리할 것이다

③ 과거형

형용동사의 과거형은 어미 だ가 だっ으로 바뀌어 과거
·완료를 나타내는 조동사 た가 접속한 だった의 형태를
취한다. だった는 우리말의 「~했다」에 해당하며 정중하
게 말할 때는 です를 접속한 だったです의 형태로 바꾸면
된다.

기본형	과거형	의 미
静しずかだ 有名ゆうめいだ 便利べんりだ	静かだった 有名だった 便利だった	조용했다 유명했다 편리했다

④ 조건형

형용동사의 조건형은 어미인 だ가 だっ으로 바뀌어, 과거
·완료를 나타내는 조동사 た의 조건형 たら를 접속된
だったら의 형태를 취한다. だったら는 우리말의 「~하면,
~했더니」로 해석된다.

기본형	조건형	의 미
静しずかだ 有名ゆうめいだ 便利べんりだ	静かだったら 有名だったら 便利だったら	조용했다면 유명했다면 편리했다면

⑤ 열거형

형용동사의 열거형은 어미 だ가 だっ으로 바뀌어, 상태의 열거를 나타내는 たり를 접속된 だったり의 형태를 취한다. だったり는 우리말의 「~하기도 하고, 하거나」로 해석된다.

기본형	열거형	의 미
静しずかだ	静かだったり	조용하기도 하고
有名ゆうめいだ	有名だったり	유명하기도 하고
便利べんりだ	便利だったり	편리하기도 하고

⑥ 중지형·부사형

형용동사의 중지형은 어미 だ를 で로 바꾸고 중지점(、)을 찍는다. 중지형은 문장을 중단하고 뒤에 다른 말이 이어진다.
형용동사의 부사형은 형용사와는 달리 어미 だ가 に로 바뀐다. 이 때 に는 우리말의 「~(하)게, ~히(이)」의 뜻으로 뒤에 용언이 이어진다.

기본형	중지형(부사형)	의 미
静しずかだ	静かで(に)	조용하고(조용히)
有名ゆうめいだ	有名で(に)	유명하고(유명하게)
便利べんりだ	便利で(に)	편리하고(편리하게)

⑦ 정중형

일본어 형용동사의 기본형은 반드시 어미가 だ의 형태로써, 이것은 우리말의 「~(하)다」에 해당하며 보통체이다. 그러나 형용동사의 어간에 정중한 단정을 나타내는 です를 접속하면 「~ㅂ니다」의 뜻으로 정중체가 된다.

기본형	정중형	의 미
静しずかだ	静かです	조용합니다
有名ゆうめいだ	有名です	유명합니다
便利べんりだ	便利です	편리합니다

⑧ 부정형

형용동사의 부정형은 어미 だ를 で로 바꾸고 부정의 뜻을 나타내는 ない를 접속하면 된다. 이 때 ない는 형용사 ない(없다)의 뜻이 아니라 「~지 않다」의 뜻이 되며, 활용은 형용사와 동일하게 한다.

기본형	부정형	의 미
静しずかだ	静かでない	조용하지 않다
有名ゆうめいだ	有名でない	유명하지 않다
便利べんりだ	便利でない	편리하지 않다

⑨ 연체형

형용동사의 어미는 단정을 나타내는 だ(である)와 동일하지만, 체언을 수식하는 경우에만 다르다. 즉, 체언이 이어질 때 명사의 경우는 조사 の가 접속되지만, 형용동사는 어미 だ가 な로 바뀌어 체언이 이어진다.

기본형	연체형	의 미
静しずかだ	静かな	조용한
有名ゆうめいだ	有名な	유명한
便利べんりだ	便利な	편리한

⑩ 가정형

형용동사의 가정형은 어미 だ를 なら로 바꾸고 가정의 뜻을 나타내는 접속조사 ば를 연결하면 된다. ならば는 우리말의 「~(하)면」의 뜻으로 상태의 가정을 나타내며, 주로 조사 ば를 생략한 형태로 많이 쓰인다.

기본형	가정형	의 미
静しずかだ	静かなら	조용하면
有名ゆうめいだ	有名なら	유명하면
便利べんりだ	便利なら	편리하면

기본형·추측형

형용동사의 기본형의 형태는 기본적으로는 だ이지만 문장체에서는 である의 형태로도 쓰인다. 형용사와 마찬가지로 문장의 끝에 와서 문장을 종결지을 때는 종지형이라고 한다. 종지형에 접속하는 조동사로는 そうだ, 조사로는 から·と·し 등이 있다.

형용동사의 추측형인 だろう는 문장을 끝맺기도 하며, ~だろうと思う의 형태로 추측을 완곡하게 표현하기도 한다. 또 정중하게 표현할 때는 형용동사의 어간에 でしょう를 접속하면 된다.

~だ	~하다
~である	~하다
~だと思う	~하다고 생각한다
~だろう	~할 것이다
~であろう	~할 것이다
~だろうと思う	~하리라 생각한다
~だから	~하니까
~だが	~하지만
~だと	~한다고

Pattern 01 ● ~だ(である)

기본형의 상태로 문장을 끝맺는다. 이것을 문법용어로는 종지형이라고 한다.

<ruby>僕<rt>ぼく</rt></ruby>のアパートの<ruby>周<rt>まわ</rt></ruby>りはとても<ruby>静<rt>しず</rt></ruby>かだ。

우리 아파트 주위는 매우 조용하다.

<ruby>彼女<rt>かのじょ</rt></ruby>の<ruby>勉強部屋<rt>べんきょうべや</rt></ruby>はいつもきれいだ。

그녀의 공부방은 항상 깨끗하다.

Pattern 02 ● ~だそうだ

そうだ는 기본형에 접속하여「~한다고 한다」라는 뜻으로 남에게 들은 이야기를 전할 때 쓰인다.

<ruby>吉村<rt>よしむら</rt></ruby>さんが<ruby>住<rt>す</rt></ruby>んでいる<ruby>所<rt>ところ</rt></ruby>は<ruby>静<rt>しず</rt></ruby>かだそうだ。

요시무라 씨가 살고 있는 곳은 조용하다고 한다.

<ruby>金<rt></rt></ruby>さんは<ruby>日本語<rt>に ほん ご</rt></ruby>がとても<ruby>上手<rt>じょうず</rt></ruby>だそうです。

김씨는 일본어를 매우 잘한다고 합니다.

Pattern 03 ● ~だと思う

기본형에 ~と思う가 접속하면「~한다고 생각한다」의 뜻으로 단정을 완곡하게 표현한다.

あそこは<ruby>駅<rt>えき</rt></ruby>があって<ruby>交通<rt>こうつう</rt></ruby>が<ruby>便利<rt>べん り</rt></ruby>だと<ruby>思<rt>おも</rt></ruby>います。

거기는 역이 있어서 교통이 편리하다고 생각합니다.

형용동사를 추측형은 어미 ~だ를 ~だろ로 바꾸고 추측을
나타내는 조동사 う를 접속하여 만든다. ~だろう는 문장
을 끝맺기도 하며, 문장체에서 쓰이는 ~である의 추측형
은 ~であろう이다.

あそこはこのごろ道路工事で不便だろう。
거기는 요즘 도로공사로 불편할 것이다.

あの人はこの会社で有名であろう。
저 사람은 이 회사에서 유명할 것이다.

형용동사의 추측형에 ~と思う를 접속하면「~하리라 생각
한다」의 뜻으로 완곡한 추측의 표현이 된다.

彼のアパートはここより静かだろうと思う。
그의 아파트는 여기보다 조용하리라 생각한다.

あの学生は真面目だろうと思います。
저 학생은 착실하리라 생각합니다.

あの学生はとても真面目だと思います。

그 학생은 매우 착실하다고 생각합니다.

あした彼が来るのは確かだと言いました。

내일 그가 오는 것은 확실하다고 말했습니다.

店員が不親切だとだれも行きません。

점원이 불친절하다면 아무도 가지 않습니다.

彼は日本語が上手だから心配はしない

그는 일본어를 잘하니까 걱정은 하지 않는다.

僕は肉は好きだけれども、魚は嫌いだ。

나는 고기는 좋아하지만, 생선은 싫어한다.

これは完全だが、あれはよくありません。

이것은 완전하지만, 저것은 좋지 않습니다.

あそこは交通も不便だし、やかましい所でした。

거기는 교통도 불편하고 시끄러운 곳이었습니다.

＊ 일본어에서 호불호를 나타내는 형용동사 すきだ(좋아하다), きらいだ(싫어
하다)의 경우 그 대상물 뒤에 쓰이는 조사는 우리말과 달리 を가 아니라
が를 쓴다.

형용사의 기본형에 접속하여 정중형을 만드는 です는 で
した, ではありません, ではありませんでした, でして, で
しょう, でしたら로 활용하며, 또한 문장을 끝맺는다. 그밖
에 조사 ので, から, が, けれども, のに 등이 접속한다.
문장체의 である의 정중체는 であります이다.

~です	~합니다
~ではありません	~하지 않습니다
~でした	~했습니다
~ではありませんでした	~하지 않았습니다
~でしょう	~할 것입니다
~ですから	~하니까
~ですので	~하기 때문에
~ですが	~하지만

＊ 형용동사의 어미 だ를 です로 바꾸면 정중한 표현이 된다. 앞서 배운 명사
  문의 정중한 단정을 나타내는 です와 동일하게 활용을 한다.

Pattern 01 ● ~です

형용동사의 기본형 상태로 문을 끝맺을 때는 「~하다」의
뜻이지만, 정중형 상태로 문을 끝맺을 때는 「~합니다」의
뜻이 된다.

金さんの部屋はいつもきれいです。

김씨의 방은 항상 깨끗합니다.

Pattern 02 ● ~ではありません

형용동사의 정중한 부정형은 ~ではありません으로 우리
말의 「~하지 않습니다」에 해당한다. 흔히 회화체에서는
では를 じゃ로 줄여서 ~じゃありません으로 쓴다.

この部屋はあまり静かではありません。

이 방은 그다지 조용하지 않습니다.

私は酒はあまり好きじゃありません。

저는 술은 별로 좋아하지 않습니다.

Pattern 03 ● ~でした

형용동사의 어간에 です의 과거형인 でした를 접속하면
정중한 과거형으로 우리말의 「~했습니다」가 된다.

昔、私はとても音楽が好きでした。

옛날에 저는 매우 음악을 좋아했습니다.

Pattern 04 ● ~ではありませんでした

형용동사의 정중한 부정형인 ~ではありません의 과거형
은 ~ではありませんでした이다. 우리말의 「~하지 않았습
니다」에 해당한다.

彼は子供の時あまり元気ではありませんでした。
그는 어렸을 때 별로 건강하지 않았습니다.

Pattern 05 ● ~でしょう

형용동사의 기본형에 ~でしょう를 접속하면 「~할 것입니
다」의 뜻으로, ~だろう보다 정중한 표현이 된다.

今年の秋は去年に比べて実りが豊かでしょう。
올 가을은 작년에 비해 결실이 풍부할 것입니다.

Pattern 06 ● 정중형에 이어지는 조사

彼は成績が優秀ですから、合格するでしょう。
그는 성적이 우수하니까 합격할 것입니다.

この魚は新鮮ですので高いです。
이 생선은 신선하기 때문에 비쌉니다.

金さんは親切ですが、李さんは不親切です。
김씨는 친절하지만 이씨는 불친절합니다.

과거형·조건형·열거형

형용동사의 과거형은 그 자체로 문장을 끝내는 역할도
하며, 체언을 수식하기도 한다. 또한 과거형에 정중한
단정을 나타내는 です를 접속하면 정중한 과거를 나타내
며, 조동사 そうだ, ようだ, らしい 등이 접속하고, 조사
ので, から, ばかり, と, し, が 등이 접속한다.

형용동사의 조건형 だったら는 가정조건이나 반사실, 또
는 확정조건을 나타내며, 뒤에 いい、どうか、どんなに
등이 이어지기도 한다.

열거형 だったり는 여러 가지 상태를 열거하며, 주로 ~
だったり ~だったりする의 형태로 많이 쓰인다.

~だった	~했다
~だったんです	~했습니다
~だっただろう	~했을 것이다
~だった時	~했을 때
~だったようだ	~했던 것 같다
~だったそうだ	~했다고 한다
~だったらしい	~했던 것 같다
~だったら	~했다면
~だったり	~하기도 하고

Pattern 01 ～だった

과거형 ～だった의 형태로 문을 끝맺기도 한다.

きのうは仕事がなくてせっかく暇だった。
어제는 일이 없어서 모처럼 한가했다.

ゆうべは停電で周りが静かだった。
어젯밤은 정전으로 주위가 조용했다.

Pattern 02 ～でした(だったです)

과거형에 정중한 단정을 나타내는 조동사 です를 접속하면 「～했습니다」의 뜻으로 정중한 과거나 완료를 나타내게 된다. 그러나 일반적으로는 형용동사의 어간에 です의 과거형인 でした를 접속하여 표현한다.

父親は昔建築家として有名でした(だったです)。
아버지는 옛날에 건축가로서 유명했습니다.

Pattern 03 ～だったの(ん)です

과거형과 です 사이에 の를 삽입하면 그 뜻을 강조하거나 어감을 고르게 한다.

吉村さんの成績は前から優秀だったのです。
요시무라 씨 성적은 전부터 우수했습니다.

Pattern 04 ~だっただろう

과거형에 だろう를 접속하면 「~했을 것이다」의 뜻으로 과거의 추측을 나타낸다.

ゆうべこの部屋は静かだっただろう。
어젯밤 이 방은 조용했을 것이다.

Pattern 05 ~だったでしょう

과거형에 です의 추측형인 でしょう를 접속하면 「~했을 것입니다」의 뜻으로 だろう보다 정중한 표현이 된다.

昔は駅から遠くて不便だったでしょう。
옛날에는 역에서 멀어서 불편했을 것입니다.

前はあの人も日本語が下手だったでしょう。
전에는 저 사람도 일본어가 서툴렀을 것입니다.

Pattern 06 ~だった＋体言

과거형 형태로 뒤에 오는 체언을 수식하기도 한다.

ここでいちばん不便だった所はどこですか。
여기서 가장 불편했던 곳은 어딥니까?

学生時代、いちばん有名だった人はこちらです。
학창시절 가장 유명했던 사람은 이쪽입니다.

불확실한 단정・비유・예시를 나타내는 ようだ가 과거형에 접속하여 「~했을 것 같다」의 뜻을 나타낸다.

　ゆうべはとても静かだったようだ。
　어젯밤은 매우 조용했던 것 같다.

전문을 나타내는 そうだ가 과거형에 접속하면 「~했다고 한다」의 뜻으로 전해들은 것을 말할 때 쓴다.

　あの川は最近まできれいだったそうだ。
　저 강은 최근까지 깨끗했다고 한다.
　彼の態度はとても立派だったそうです。
　그의 태도는 매우 훌륭했답니다.

형용사의 과거형에 추정을 나타내는 조동사 らしい가 접속하여 「~한 것 같다」라는 뜻을 나타낸다.

　彼は先月までは日本語が下手だったらしい。
　그는 지난달까지는 일본어가 서툴렀던 것 같다.
　あの人は生活が豊かだったらしいです。
　저 사람은 생활이 풍족했던 것 같습니다.

Pattern 10 ~だったら ❶

조건형은 어미 だ를 だっ으로 바꾸고 과거·완료를 나타
내는 조동사 た의 조건형인 たら를 접속하면 된다. だっ
たら 뒤에는 권유나 허가, 명령, 의지 등 말하는 사람의
뜻을 나타내는 말이 온다.

あなたが好きだったら全部上げます。

당신이 좋아한다면 전부 드리겠습니다.

Pattern 11 ~だったら ❷

조건형 뒤에는 모순되거나 예기치 못한 사항이 온다.

彼が元気だったら、いっしょに行けるのに。

그가 건강했더라면 함께 갈 수 있을 텐데.

Pattern 12 ~でしたら

형용동사의 조건형을 정중하게 표현할 때는 だったら 대
신에 です의 조건형인 でしたら를 쓴다.

お暇でしたらあした遊びに来てください。

한가하시다면 내일 놀러 오세요.

必要でしたら、いつでも貸してあげます。

필요하시다면 언제든지 빌려 드리겠습니다.

열거형은 어미 だ를 だっ로 바꾸고 열거할 때 쓰이는 조사 たり를 접속하면 된다. 문장체인 である의 열거형은 であったり이다. 또한 정중하게 표현할 때는 だったり 대신에 でしたり를 접속하면 된다. 주로 ~だったり~だったりする의 형태로 여러 가지 상태를 나열한다.

彼女は親切だったり顔もきれいだったりします。

그녀는 친절하기도 하고 얼굴도 예쁘기도 합니다.

好きだったり嫌いだったりするのはよくない。

좋아했다 싫어했다 하는 것은 좋지 않다.

あまり不便だったりなどすると行かない。

너무 불편하거나 하면 가지 않겠다.

だったら를 정중하게 표현하면 でしたり가 된다.

先生は暇でしたりするときもあります。

선생님은 한가하시거나 할 때도 있습니다.

必要でしたりするものがありましたら、どうぞ。

필요하거나 한 것이 있으시면, 가지십시오.

ここは静かだったが、あそこはうるさかった。

여기는 조용했지만, 거기는 시끄러웠다.

英語は上手だったけれども、数学は下手だった。

영어는 잘했지만 수학은 못했다.

彼は成績も優秀だったばかりではなく、性格もよかった。

그는 성적도 좋았을 뿐만 아니라 성격도 좋았다.

そんなに有名だったのに今はだれも知ってくれない。

그렇게 유명했는데 지금은 아무도 알아주지 않는다.

あまり不便だったので、引越しをしてしまった。

너무 불편해서 이사를 해버렸다.

형동용사의 중지형은 문장을 중단하고 뒤의 다른 말을
연결할 때 쓰이는 형태로 중지점(、)을 찍어 표시한다.
형용동사의 중지형 で는 문장에 따라서 나열이나, 원인
·이유를 나타낸다. 문장체에서 쓰이는 어미 である의 중
지형은 であり이다.

~で	~하고, ~하여(열거)
~で	~해서(원인, 이유)
~であり	~하고, ~하여
~ではならない	~해서는 안 된다
~ではいけない	~해서는 안 된다
~でもいい	~해도 된다
~でもかまわない	~해도 상관없다

＊ 형용동사를 중지형은 어미 だ를 で로 바꾼다. で는 동사나 형용사의 접속형
에 쓰이는 조사 て와 마찬가지로, 문장을 중지하는 역할도 하고 원인이나
이유를 나타내기도 한다. 문장체인 である의 중지형은 であり이며, 접속형
은 であって가 된다.

중지형 ~では「~하고, 하여」의 뜻으로 앞, 뒤의 것을 나열해서 나타낸다.

彼女はきれいで頭もいいです。

그녀는 예쁘고 머리도 좋습니다.

彼は日本語は下手で、英語は上手だ。

그는 일본어는 서투르고 영어는 잘한다.

중지형 ~では「~해서, 하여」의 뜻으로 원인이나 이유, 설명을 나타낸다.

あなたはいつも元気でいいですね。

당신은 언제나 건강해서 좋군요.

これはぼくが好きでやっている仕事だ。

이것은 내가 좋아해서 하고 있는 일이다.

문장체에서 주로 쓰이는 형용동사의 어미 である의 중지형은 であり로 앞의 で와 용법은 동일하다.

あの人の言うことは確かであり、簡単である。

저 사람이 말하는 것은 확실하며 간단하다.

중지형에 ならない(いけない)를 접속하면 「~해서는 안된다」는 뜻으로 금지·불가의 표현을 나타낸다.

商店街は交通が不便ではならない。

상가는 교통이 불편해서는 안 된다.

タバコをあまり好きではいけません。

담배를 너무 좋아해서는 안 됩니다.

중지형에 ~もいい(かまわない)를 접속하면 「~해도 된다 (상관없다)」라는 뜻으로 허가나 승낙을 나타낸다.

家賃が安いから、交通は少し不便でもいい。

집세가 싸니까 교통은 좀 불편해도 된다.

この会社では日本語が少し下手でもかまいません。

이 회사에서는 일본어가 조금 서툴러도 상관없습니다.

형동용사의 부정형은 그 상태로 문장을 끝맺거나(종지형), 체언을 수식하기도 하며(연체형), 형용사와 동일하게 활용을 한다. 그밖에 여러 가지 조동사 そうだ, らしい, ようだ에 접속하기도 한다. 또한 조사 ので·から·のに 등이 접속한다.

~でない	~하지 않다
~でない時	~하지 않을 때
~ではない	~하지는 않다
~でもない	~하지도 않다
~ではなかった	~하지 않았다
~ではなかったです	~하지 않았습니다
~ではなくて	~하지 않아서
~ではないだろう	~하지 않을 것이다
~でなければ	~하지 않으면

＊ 형용동사를 부정형은 어미 だ를 で로 바꾸고 부정의 뜻을 나타내는 보조
  형용사 ない를 접속하면 된다. 또한 조사 は를 삽입 하여 ではない의 형태
  로 많이 쓴다. 문장체인 である의 부정형은 ある의 부정어가 ない이기
  때문에 であらない라고 하지 않고 でない로 표현한다.

Pattern 01 ● ~でない

형용동사의 부정형 ~でない는 「~하지 않다」의 뜻으로 문장을 끝맺는다.

この部屋はあまり静かでない。
이 방은 그다지 조용하지 않다.

あの歌手は人気はあるが、歌は上手ではない。
저 가수는 인기는 있지만, 노래는 못한다.

Pattern 02 ● ~でない＋体言

우리말에서는 형용사가 뒤의 체언을 수식할 때 어미가 변하지만, 일본어에서는 기본형 상태로 쓰인다.

あの歌手はあまり有名でない人です。
저 가수는 별로 유명하지 않은 사람입니다.

Pattern 03 ● ~ではないです(ではありません)

부정형에 정중한 단정을 나타내는 です를 접속하면 「~하지 않습니다」의 뜻이 된다.

李さんはお酒が好きではないです。
이씨는 술을 좋아하지 않습니다.

あのデパートの店員は親切ではありません。
저 백화점의 점원은 친절하지 않습니다.

Pattern 04 ~でもない(でもありません)

부정을 강조하거나 두 가지 이상의 상태를 부정할 때는
조사 は 대신에 も를 삽입한다.

彼は日本語が上手でも下手でもありません。

그는 일본어를 잘하지도 못하지도 않습니다.

Pattern 05 ~ではなかった

형용동사의 부정형인 ~ではない의 과거형은 ~ではな
かった로「~하지 않았다」의 뜻이다.

僕は学生時代に成績は優秀ではなかった。

나는 학생시절에 성적은 우수하지 않았다.

生活が豊かではなかった時は熱心に働いた。

생활이 풍족하지 않았을 때는 열심히 일했다.

Pattern 06 ~ではなかったです

형용동사의 과거부정형에 です를 접속하면 ではありま
せんでした와 동일한 뜻을 갖게 된다.

あの店はあまりきれいではなかったです。

그 가게는 그다지 깨끗하지 않았습니다.

前は、この商店街は賑やかではありませんでした。

전에는 이 상가는 붐비지 않았습니다.

부정형에 접속조사 て를 이으면 상태를 열거하거나 원인, 이유, 설명을 나타낸다.

肉はあまり好きではなくて、魚は好きです。
고기는 그다지 좋아하지 않고 생선은 좋아합니다.

부정형에 だ의 추측형인 だろう를 접속하면 「~하지 않을 것이다」의 뜻으로 추측을 나타낸다. 정중하게 표현할 때는 です의 추측형인 でしょう를 접속한다.

今、あの歌手はあまり有名でないだろう。
지금 그 가수는 그다지 유명하지 않을 것이다.

たぶん金さんはお酒は好きではないでしょう。
아마 김씨는 술은 좋아하지 않을 것입니다.

부정형에 가정의 뜻을 나타내는 조사 ば를 접속하면 형용사의 경우와 마찬가지로 ければ의 형태를 취한다.

この料理は好きでなければ食べなくてもいいです。
이 요리는 좋아하지 않으면 먹지 않아도 됩니다.

연체형·가정형

형용동사의 연체형에 이어지는 말로는 명사 이외에 조동사로는 ようだ, 조사로는 ので·のに 등이 있다.

형용동사의 가정형 ならば는 앞서 배운 조건형 だったら와 의미상 비슷하지만, たら가 개별적인 경우에 쓰이는 반면, ば는 일반적인 사실을 나타낼 때에 쓰인다. 그러므로 ば는 말하는 사람의 객관적인 가정이 강하다.

~な時	~한 때
~なの(ん)です	~합니다
~なようだ	~한 것 같다
~なので	~하기 때문에
~なのに	~한데도
~なら(ば)	~하면
~なら(ば)~なほど	~하면 ~할수록
~も~なら(ば)	~도 ~하며
~さえ~なら(ば)	~만 ~하면

* 형용동사의 어미는 단정을 나타내는 だ, である와 동일하지만, 체언을 수식하는 경우에만 다르다. 즉, 체언이 이어질 때 명사의 경우는 조사 の가 접속되지만, 형용동사는 어미 だ가 な로 바뀌어 체언이 이어진다. 문장체인 である의 연체형은 기본형 상태를 취한다.

* 형용동사의 가정형은 어미 だ가 なら로 바뀌어 가정의 뜻을 나타내는
조사 ば가 이어진다. 또, 문장체인 である의 가정형은 であれば이다.

Pattern 01 ● ~な時

형용동사의 연체형인 ~な는 「~한」의 뜻으로 뒤의 체언을
수식할 때 쓰인다.

かれ
彼は朗らかな性格の持ち主です。
ほが   せいかく も   ぬし
그는 명랑한 성격의 소유자입니다.

あなたの好きな果物は何ですか。
      す   くだもの なん
당신이 좋아하는 과일은 무엇입니까?

人生にいちばん大切なのは健康です。
じんせい   たいせつ   けんこう
인생에서 가장 소중한 것은 건강입니다.

Pattern 02 ● ~なの(ん)です

강조하거나 어감을 고르게 할 때는 の를 연체형에 접속
한다. 이 때 の는 준체언의 역할을 하기 때문이다. 또한
회화체에서는 ん으로 줄여 말하기도 한다.

あの歌手はこの国でいちばん有名なのです。
   かしゅ   くに   ゆうめい
저 가수는 이 나라에서 가장 유명합니다.

あなたは果物の中で何が好きなんですか。
      くだもの なか なに す
당신은 과일 중에서 무엇을 좋아합니까?

98

형용동사의 연체형에 이어지는 조동사는 불확실한 단정
·비유·예시를 나타내는 ようだ이다.

外国から暮らすというのは大変なようですね。

외국에서 생활한다는 것은 힘든 것 같군요.

원인이나 이유를 나타내는 접속조사 ので는 형용동사에
이어질 때는 연체형에 접속하여 なので의 형태를 취하
며, 우리말의 「~해서, ~하기 때문에」로 해석된다.

ここはあまり交通が不便なので住みにくい。

여기는 너무 교통이 불편해서 살기 힘들다.

のに는 「~하는데도」의 뜻으로 역접조건을 나타내거나,
「~한데, ~텐데」의 뜻으로 의외의 결과에 대한 불만의 기
분을 나타낼 때 쓰이는 접속조사로 형용동사에 접속할
때는 연체형에 접속하여 なのに의 형태를 취한다.

彼は歌が上手なのに歌おうとしません。

그는 노래를 잘하는데도 부르려고 하지 않습니다.

彼女は男に人気がない、顔もきれいなのに。

그녀는 남자에게 인기가 없다, 얼굴도 예쁜데.

Pattern 06 ● ~なら(ば)

가정형은 어미 だが なら로 바뀌어 가정의 뜻을 나타내는 조사 ば가 접속하여 ならば의 형태를 취한다. 조사 ば를 생략하여 사용하는 경우가 보통이며, 「~하면」의 뜻으로 어떤 상태의 가정이나 기정사실을 나타낸다.

そんなに静かなら(ば)行ってみましょう。

그렇게 조용하면 가봅시다.

あなたが好きなら(ば)上げましょう。

당신이 좋아하면 드리겠어요.

Pattern 07 ● ~なら(ば)~なほど

가정형이 앞에 오고, 뒤에 동일한 연체형에 정도를 나타내는 조사 ほど가 이어지면 「~하면 ~할수록」의 뜻을 나타낸다.

交通が便利なら(ば)便利なほど家賃は高い。

교통이 편리하면 편리할수록 집세는 비싸다.

店の人が親切なら親切なほどお客さんが多い。

가게 사람이 친절하면 친절할수록 손님이 많다.

Pattern 08 ⬤ **~も~なら(ば)~(も)**

어떤 상태를 나열할 때는 가정형과 も를 함께 연결한다.
우리말의 「~도~하며~(도)」로 해석한다.

彼は日本語も上手なら(ば)、英語も上手だ。

그는 일본어도 잘하며 영어도 잘한다.

彼女は顔もきれいなら、頭もいいです。

그녀는 얼굴도 예쁘며 머리도 좋습니다.

Pattern 09 ⬤ **~さえ~なら(ば)**

앞에 제시한 말에 さえ를 접속하고 뒤에 형용동사의 가정
형이 이어지면 「~만(조차)~하면」의 뜻이 된다.

交通さえ便利ならばいいのに。

교통만 편리하면 좋겠는데.

隣の部屋さえ静かならば家じゅうが静かだ。

옆방만 조용하면 온 집안이 조용하다.

형용동사의 부사형은 형용사와는 달리 어미 だ가 に로
바뀐다. 이 때 に는 우리말의 「~(하)게, ~히(이)」의 뜻으
로 뒤에 용언이 이어진다.

~に	~하게, ~히
~になる	~하게 되다, ~해지다
~にする	~하게 하다

＊ 형용동사의 부사형은 어미 だ가 に로 바뀌어 뒤에 용언이 이어진다. 문장체
인 である로도 마찬가지다.

Pattern 01 ● ~に

형용동사의 부사형은 앞에서 배운 형용사의 부사형과 마
찬가지로 뒤의 용언을 꾸미게 된다. 우리말의 「~하게, ~
히」에 해당한다.

これは大事(だいじ)なものだから確(たし)かに渡(わた)してください。
이것은 중요한 것이니까 확실히 건네주세요.

部屋(へや)をきれいに掃除(そうじ)してください。
방을 깨끗이 청소하세요.

부사형에 「되다」라는 뜻을 가진 동사 なる를 접속하면 「~하게 되다, ~해지다」라는 뜻을 나타낸다.

私はいつのまにかビールが好きになりました。
저는 어느 샌가 맥주를 좋아하게 되었습니다.

毎日運動をして体が丈夫になりました。
매일 운동을 하여 몸이 튼튼해졌습니다.

부사형에 동사 する를 접속하면 「~하게 하다」라는 뜻을 나타낸다. 주로 뒤에 요구나 명령을 나타내는 말이 온다.

お客さんに親切にしてください。
손님에게 친절히 하세요.

うるさいから静かにしなさい。
시끄러우니까 조용히 해라.

PART
4

동사

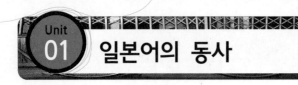

일본어의 동사

1. 일본어 동사의 특징

① 자립어로 활용을 하며 단독으로 술어가 된다.

② 주로 사물의 동작·작용·존재를 나타낸다.

> 동작 ― 字を書く。 글씨를 쓰다.
>
> 작용 ― 花が咲く。 꽃이 피다.
>
> 존재 ― 本がある。 책이 있다.

③ 모든 동사의 어미는 う단(う, く, ぐ, す, つ, ぬ, ぶ, む, る)으로 끝나며 9가지가 있다.

④ 모든 동사가 규칙적으로 정격활용을 하고, 불규칙적으로 활용하는 변격동사는 2가지(くる, する)뿐이다.

⑤ 자동사와 타동사가 따로 분리되어 있으며, 예외로 자·타동사가 한 단어에 포함되어 있는 동사도 있다.

2. 동사의 종류

① 5단활용동사

줄여서 5단동사라고도 하며, 어미가 く·ぐ·つ·る·う·ぬ·ぶ·む·す로 모두 9가지가 있다.

書く	[ka ku]	쓰다
泳ぐ	[oyo gu]	헤엄치다
待つ	[ma tsu]	기다리다
乗る	[no ru]	타다
言う	[i u]	말하다
死ぬ	[si nu]	죽다
遊ぶ	[aso bu]	놀다
読む	[yo mu]	읽다
話す	[hana su]	이야기하다

② 상1단활용동사

줄여서 상1단동사라고도 하며 끝 음절이 る이며, る바로
앞의 음절이 い단에 속한 것을 말한다.

| 見る | [mi ru] | 보다 |
| 起きる | [oki ru] | 일어나다 |

③ 하1단활용동사

상1단동사와 마찬가지로 끝 음절이 る이며, る 바로 앞
음절이 え단에 속한 것을 말한다.

| 寝る | [ne ru] | 자다 |
| 食べる | [tabe ru] | 먹다 |

④ 力행변격활용동사

か행에 해당하는 변격동사는 「くる(오다)」 하나뿐이다.

⑤ サ행변격활용동사

さ행에 해당하는 변격동사는 「する(하다)」 하나뿐이다.

3. 동사의 구별방법

동사의 종류를 구별하는 이유는 각기 활용이 다르기 때문이다. 매우 중요하므로 잘 익혀두어야 한다.

① 5단활용동사

5단동사의 어미는 모두 9가지로 일단 る가 아니면 모두 5단활용동사이다.

~く〔ku〕　　~ぐ〔gu〕　　~つ〔tsu〕　　~う〔u〕

~む〔mu〕　　~ぶ〔bu〕　　~ぬ〔nu〕　　~す〔su〕

단, 끝 음절이 る로 끝나는 동사는 る 바로 앞 음절이 あ단, う단, お단에 속하면 무조건 5단활용동사이다.

在る〔a ru〕　　　　　　있다

売る〔u ru〕　　　　　　팔다

乗る〔no ru〕　　　　　　타다

② 상1단활용동사

끝 음절 る 바로 앞 음절이 い단에 속하면 상1단동사이다.

居る　［i ru］　　　있다

見る　［mi ru］　　보다

起きる［oki ru］　일어나다

③ 하1단활용동사

끝 음절 る 바로 앞 음절이 え단에 속하면 하1단동사이다.

寝る　［ne ru］　　자다

出る　［de ru］　　나오다

食べる［tabe ru］　먹다

④ 예외적인 5단동사

동사 중에 る 바로 앞 음절이 い단과 え단에 속하더라도 상1단, 하 1단 동사의 활용을 하지 않고 예외적으로 5단 동사 활용을 하는 것들이 있다.

入る 들어가다　　　切る 자르다　　　知る 알다

要る 필요하다　　　散る 떨어지다　　走る 달리다

帰る 돌아가다　　　蹴る 차다　　　減る 줄다

동사의 활용

1. 활용이란?

일본어 동사도 우리말의 동사와 마찬가지로 뒤에 접속되는 말에 따라 어미가 변한다. 이것을 활용이라고 한다.

2. 동사 활용의 종류

이 책에서는 학교문법에서 쓰이는 용어를 이해하기 쉽도록 여러 가지 접속어에 따라 분류하였다.

활용형	접속어	예	의미
기본형	문을 끝맺음	のむ	마시다
부정형	ない	のまない	마시지 않다
중지형	문을 중지함	のみ	마심
정중형	ます	のみます	마십니다
과거형	た	のんだ	마셨다
조건형	たら	のんだら	마신다면
열거형	たり	のんだり	마시기도 하고
접속형	て	のんで	마시고
연체형	체언	のむ時	마실 때
가정형	ば	のめば	마시면
명령형	명령으로 끝맺음	のめ	마셔라
가능형	eる	のめる	마실 수 있다
의지형	う, よう	のもう	마시자

① 기본형

동사의 기본형은 반드시 어미가 う단의 형태를 취한다. 앞에서 배운 형용사나 형용동사의 경우는 어미가 한 가지의 형태를 취하지만, 동사의 경우는 아홉 가지(く·ぐ·う·つ·る·む·ぶ·ぬ·す)이다.

동사의 기본형도 문장의 위치에 따라 종지형과 연체형으로 나눈다. 즉, 문장의 끝에 와서 문을 종결지을 때는 종지형이라고 하며, 뒤의 체언을 꾸밀 때는 연체형이라고 한다. 우리말의 기본형 어미가 변하지만, 일본어에서는 기본형의 형태를 그대로 유지한다.

기본형	어 간	어 미	의 미
行いく	行	く	가다
泳およぐ	泳	ぐ	헤엄치다
買かう	買	う	사다
待まつ	待	つ	기다리다
乗のる	乗	る	타다
読よむ	読	む	읽다
飛とぶ	飛	ぶ	날다
死しぬ	死	ぬ	죽다
話はなす	話	す	이야기하다
起おきる	起	きる	일어나다
食たべる	食	べる	먹다
来くる	く	る	오다
する	す	る	하다

② 부정형

부정형은 동사의 종류에 따라 다르다. 5단동사의 부정형은 어미 う단이 あ단(か·が·わ·た·ら·み·ば·に·さ)으로 바뀌어 부정어 ない가 접속된다. 단, 어미가 う인 5단동사는 ~あない가 아니라 ~わない로 활용한다는 점에 주의해야 한다.

상 1단·하 1단동사는 ます가 접속될 때처럼 끝음절인 る가 탈락되고 부정어 ない가 접속하며, 변격동사 くる는 こない, する는 しない로 변칙 활용한다.

기본형	부정형	의 미
行いく	行かない	가지 않다
泳およぐ	泳がない	헤엄치지 않다
買かう	買わない	사지 않다
待まつ	待たない	기다리지 않다
乗のる	乗らない	타지 않다
読よむ	読まない	읽지 않다
飛とぶ	飛ばない	날지 않다
死しぬ	死なない	죽지 않다
話はなす	話さない	이야기하지 않다
起おきる	起きない	일어나지 않다
食たべる	食べない	먹지 않다
来くる	こない	오지 않다
する	しない	하지 않다

③ 중지형

동사의 중지형도 형용사나 형용동사의 중지형과 마찬가
지로 문장을 중지하고 뒤에 다른 말이 접속될 때 쓰인다.
5단동사의 중지형은 어미 う단을 い단(き·ぎ·い·ち·り
·に·び·み·し)으로 바꾸면 된다.
상 1단·하 1단동사의 경우는 끝음절인 る가 탈락된 상태
가 중지형이다. 또, 변격동사인 くる는 き가 되고, する는
し가 된다.

기본형	중지형	의 미
行いく	行き	가고
泳およぐ	泳ぎ	헤엄치고
買かう	買い	사고
待まつ	待ち	기다리고
乗のる	乗り	타고
読よむ	読み	읽고
飛とぶ	飛び	날고
死しぬ	死に	죽고
話はなす	話し	이야기하고
起おきる	起き	일어나고
食たべる	食べ	먹고
来くる	き	오고
する	し	하고

④ 정중형

동사의 정중형은 ます를 접속하여 정중형을 만든다. ます가 접속하는 형태는 동사의 종류에 따라 다르다. 5단동사의 정중형은 어미 う단이 い단(き·ぎ·い·ち·り·み·び·に·し)로 바뀌어 정중어 ます가 접속된다. 그러나 상1단·하1단동사의 경우는 끝음절인 る가 탈락되고 정중어 ます가 접속하며, 변격동사 くる는 きます, する는 します로 변칙 활용한다. 정중어 ます는 우리말의 「~ㅂ니다」의 뜻이 되며 활용을 한다.

기본형	정중형	의 미
行いく	行きます	갑니다
泳およぐ	泳ぎます	헤엄칩니다
買かう	買います	삽니다
待まつ	待ちます	기다립니다
乗のる	乗ります	탑니다
読よむ	読みます	읽습니다
飛とぶ	飛びます	납니다
死しぬ	死にます	죽습니다
話はなす	話します	이야기합니다
起おきる	起きます	일어납니다
食たべる	食べます	먹습니다
来くる	きます	옵니다
する	します	합니다

⑤ 과거형

과거형은 과거·완료를 나타내는 조동사 た가 접속된 형
태를 말한다. た가 접속할 때는 동사의 종류에 따라 다르
다. 5단동사의 과거형은 어미가 く·ぐ인 경우는 いた·い
だ로 변하고, 어미가 う·つ·る인 경우는 った로 변하고,
ぬ·ぶ·ぬ인 경우는 んだ로 변한다. 단, 어미가 す인 경
우는 した로 ます가 접속할 때와 마찬가지이다. 상 1단
·하 1단동사는 る가 탈락되고 た가 이어지며, 변격동사
くる는 きた, する는 した로 변칙 활용한다.

기본형	과거형	의 미
書かく	書いた	썼다
泳およぐ	泳いだ	헤엄쳤다
買かう	買った	샀다
待まつ	待った	기다렸다
乗のる	乗った	탔다
読よむ	読んだ	읽었다
飛とぶ	飛んだ	날았다
死しぬ	死んだ	죽었다
話はなす	話した	이야기했다
起おきる	起きた	일어났다
食たべる	食べた	먹었다
来くる	きた	왔다
する	した	했다

⑥ 조건형

조건형은 과거·완료를 나타내는 た의 조건형인 たら가 접속된 형태를 말한다. 조건을 나타내는 たら가 접속할 때는 동사의 종류에 따라 다르다. 5단동사의 조건형은 어미가 く·ぐ인 경우는 いたら·いだら로 변하고, 어미가 う·つ·る인 경우는 ったら로 변하고, ぬ·ぶ·ぬ인 경우는 んだら로 변한다. 단, 어미가 「す」인 경우는 したら이며, 상1단·하1단동사는 る가 탈락되고 たら가 이어지며, くる는 きたら, する는 したら로 변칙 활용한다.

기본형	조건형	의 미
書かく	書いたら	썼다면
泳およぐ	泳いだら	헤엄쳤다면
買かう	買ったら	샀다면
待まつ	待ったら	기다렸다면
乗のる	乗ったら	탔다면
読よむ	読んだら	읽었다면
飛とぶ	飛んだら	날았다면
死しぬ	死んだら	죽었다면
話はなす	話したら	이야기했다면
起おきる	起きたら	일어났다면
食たべる	食べたら	먹었다면
来くる	きたら	왔다면
する	したら	했다면

⑦ 열거형

열거형은 동작이나 작용의 열거를 나타내는 たり가 접속된 형태를 말한다. 5단동사의 열거형은 어미 く·ぐ인 경우는 いたり·いだり로 변하고, 어미가 う·つ·る인 경우는 ったり로 변하고, ぬ·ぶ·ぬ인 경우는 んだり로 변한다. 단, 어미가 す인 경우는 したり로 ます가 접속할 때와 마찬가지이다. 상1단·하1단동사는 끝음절인 る가 탈락되어 접속조사 たり가 이어지며, 변격동사 くる는 きたり, する는 したり로 변칙 활용한다.

기본형	열거형	의 미
書かく	書いたり	쓰기도 하고
泳およぐ	泳いだり	헤엄치기도 하고
買かう	買ったり	사기도 하고
待まつ	待ったり	기다리기도 하고
乗のる	乗ったり	타기도 하고
読よむ	読んだり	읽기도 하고
飛とぶ	飛んだり	날기도 하고
死しぬ	死んだり	죽기도 하고
話はなす	話したり	이야기하기도 하고
起おきる	起きたり	일어나기도 하고
食たべる	食べたり	먹기도 하고
来くる	きたり	오기도 하고
する	したり	하기도 하고

⑧ 접속형

접속형은 접속조사 て가 접속된 형태를 말한다. 5단동사의 접속형은 어미 く・ぐ인 경우는 いて・いで로 변하고, 어미가 う・つ・る인 경우는 って로 변하고, ぬ・ぶ・ぬ인 경우는 んで로 변한다. 단, 어미가 す인 경우는 して이며, 상1단・하1단동사는 끝음절인 る가 탈락되고 접속조사 て가 이어지며, くる는 きて, する는 して로 변칙 활용한다. 접속조사 て는 「~하고, ~하며, ~하여」의 뜻으로 열거, 중지, 원인・이유를 나타낸다.

기본형	접속형	의 미
書かく	書いて	쓰고
泳およぐ	泳いで	헤엄치고
買かう	買って	사고
待まつ	待って	기다리고
乗のる	乗って	타고
読よむ	読んで	읽고
飛とぶ	飛んで	날고
死しぬ	死んで	죽고
話はなす	話して	이야기하고
起おきる	起きて	일어나고
食たべる	食べて	먹고
来くる	きて	오고
する	して	하고

118

⑨ 가정형

동사의 가정형은 가정의 뜻을 나타내는 접속조사 ば가 접속된 형태이다.

5단동사의 가정형은 어미 う단이 え단(け·げ·え·て·れ·め·べ·ね·せ)으로 바뀌어 접속조사 ば가 이어진다. 상1단·하1단동사의 경우는 끝음절인 る가 れ로 바뀌어 ば가 이어지며, 변격동사 くる는 くれば, する는 すれば로 변칙 활용한다.

기본형	가정형	의 미
書かく	書けば	쓰면
泳およぐ	泳げば	헤엄치면
買かう	買えば	사면
待まつ	待てば	기다리면
乗のる	乗れば	타면
読よむ	読めば	읽으면
飛とぶ	飛べば	날면
死しぬ	死ねば	죽으면
話はなす	話せば	이야기하면
起おきる	起きれば	일어나면
食たべる	食べれば	먹으면
来くる	くれば	오면
する	すれば	하면

⑩ 명령형

명령형은 5단동사일 경우에는 어미 う단을 え단(け·げ
·え·て·れ·め·べ·ね·せ)으로 바꾸어 주면 되며 뒤에
접속되는 말은 없다.

상1단·하1단동사의 경우는 끝음절인 る를 ろ로 바꾸어
주면 되고, 뒤에 접속되는 말은 없다. 또한 る를 없애고
조사 よ를 접속하여 명령형을 만들기도 한다.

변격동사 くる와 する는 어간과 어미가 모두 변하여 각각
くる는 こい로, する는 しろ와 せよ의 두 가지 형태가 있
다. せよ는 주로 문장체에서 쓰인다.

기본형	명령형	의 미
書かく	書け	써
泳およぐ	泳げ	헤엄쳐
買かう	買え	사
待まつ	待て	기다려
乗のる	乗れ	타
読よむ	読め	읽어
飛とぶ	飛べ	날아
死しぬ	死ね	죽어
話はなす	話せ	이야기해
起おきる	起きろ	일어나
食たべる	食べろ	먹어
来くる	こい	와
する	しろ · せよ	해

⑪ 가능형

5단동사의 가능형은 어미 う단을 え단(け·げ·え·て·れ
·め·べ·ね·せ)으로 바꾸어 동사임을 결정짓는 る를
접속하여 하 1단동사로 만들면 가능형이 된다.

상 1단·하 1단동사의 경우는 끝음절인 る를 탈락시키고
られる를 접속하면 가능형이 된다. 변격동사 くる는 こら
れる이며, する는 できる라는 독립된 가능동사가 있기 때
문에 가능형은 없다.

기본형	가능형	의 미
書かく	書ける	쓸 수 있다
泳およぐ	泳げる	헤엄칠 수 있다
買かう	買える	살 수 있다
待まつ	待てる	기다릴 수 있다
乗のる	乗れる	탈 수 있다
読よむ	読める	읽을 수 있다
飛とぶ	飛べる	날 수 있다
死しぬ	死ねる	죽을 수 있다
話はなす	話せる	이야기할 수 있다
起おきる	起きられる	일어날 수 있다
食たべる	食べられる	먹을 수 있다
来くる	こられる	올 수 있다
する	できる	할 수 있다

⑫ 의지형

의지형은 「~う·~よう」로 나타내는 형식을 말한다. 5단 동사의 의지형은 어미 う단을 お단(こ·ご·お·と·ろ·も ·ぼ·の·そ)으로 바꾸어 의지·권유·추측을 나타내는 조동사 う를 접속하여 표현하다.

상1단·하1단동사의 경우는 끝음절인 る가 탈락되어 의 지·권유·추측을 나타내는 조동사 よう가 접속되며, 변격 동사 くる는 어간이 こ로 바뀌고, する는 어간이 し로 바뀌 어 よう가 접속한다.

기본형	의지형	의 미
書かく	書こう	쓰자(겠다)
泳ぉよぐ	泳ごう	헤엄치자(겠다)
買かう	買おう	사자(겠다)
待まつ	待とう	기다리자(겠다)
乗のる	乗ろう	타자(겠다)
読ょむ	読もう	읽자(겠다)
飛とぶ	飛ぼう	날자(겠다)
死しぬ	死のう	죽자(겠다)
話はなす	話そう	이야기하자(겠다)
起ぉきる	起きよう	일어나자(겠다)
食たべる	食べよう	먹자(겠다)
来くる	こよう	오자(겠다)
する	しよう	하자(겠다)

1. 음편이란?

동사의 음편이란 5단동사에서만 일어나는 현상으로, 앞서 배운 동사의 활용에서 보았듯이,

① 과거·완료를 나타내는 조동사 た가 접속할 때,

② た의 조건형인 たら가 접속할 때,

③ 동작을 나열할 때 쓰이는 조사 たり가 접속할 때,

④ 접속조사 て가 이어지는 경우에 어미의 음이 다르게 변하는 것을 말한다.

즉, 음편이란 た·たら·たり·て가 접속할 때 발음하기 편하게 변하는 것을 말한다. 참고로 た·たら·たり·て도 ます가 접속하는 い단(き·ぎ·い·ち·り·に·び·み)에 접속하였으나, 점차 발음하기 불편하여 어미의 형태에 따라 い·っ·ん으로 변하였다. 이것을 현대어에서는 음편이라고 한다.

2. 음편의 종류

동사의 음편은 어미의 형태에 따라 다음 세 가지로 분류한다.

① イ音便… 5단동사의 어미가 く, ぐ 인 경우 た·たら·たり·て가 접속할 때 き, ぎ가 い로 변하는 형태이다.

② つまる音便 … 5단동사의 어미가 つ, る, う인 경우 た
· たら· たり· て가 접속할 때 ち, り, い가 촉음 っ로
변하는 것을 말한다.

③ はねる音便 … 5단동사의 어미가 ぬ, ぶ, ぬ인 경우
た· たら· たり· て가 접속할 때 に, び, み가 ん으로 변
하는 것을 말한다.

2. 음편의 활용표

① 접속조사 て가 이어질 때

음편	기본형	~て	의 미
イ음편	書かく	書いて	쓰고, 써서
	泳およぐ	泳いで	헤엄치고, 헤엄쳐서
つまる 음편	買かう	買って	사고, 사서
	待まつ	待って	기다리고, 기다려서
	乗のる	乗って	타고, 타서
はねる 음편	読ょむ	読んで	읽고, 읽어서
	飛とぶ	飛んで	날고, 날아서
	死しぬ	死んで	죽고, 죽어서
예외	行いく	行って	가고, 가서

※ 어미가 ぐ인 경우는 た, たら, たり, て가 접속하면 탁음화된다.
※ 어미가 ぬ, ぶ, む는 ん의 영향으로 た, たら, たり, て가 탁음화된다.
※ いく(가다)는 イ음편을 하지 않고 つまる음편을 한다.

② 과거·완료를 나타내는 た가 이어질 때

음편	기본형	~た	의 미
イ음편	書かく	書いた	썼다
	泳およぐ	泳いだ	헤엄쳤다
つまる음편	買かう	買った	샀다
	待まつ	待った	기다렸다
	乗のる	乗った	탔다
はねる음편	読よむ	読んだ	읽었다
	飛とぶ	飛んだ	날았다
	死しぬ	死んだ	죽었다
예외	行いく	行った	갔다

③ 접속조사 たら가 이어질 때

음편	기본형	~たら	의 미
イ음편	書かく	書いたら	썼다면
	泳およぐ	泳いだら	헤엄쳤다면
つまる음편	買かう	買ったら	샀다면
	待まつ	待ったら	기다렸다면
	乗のる	乗ったら	탔다면
はねる음편	読よむ	読んだら	읽었다면
	飛とぶ	飛んだら	날았다면
	死しぬ	死んだら	죽었다면
예외	行いく	行ったら	갔다면

④ 접속조사 たり가 이어질 때

음편	기본형	~たり	의 미
イ음편	書かく	書いたり	쓰기도 하고
	泳およぐ	泳いだり	헤엄치기도 하고
つまる음편	買かう	買ったり	사기도 하고
	待まつ	待ったり	기다리기도 하고
	乗のる	乗ったり	타기도 하고
はねる음편	読よむ	読んだり	읽기도 하고
	飛とぶ	飛んだり	날기도 하고
	死しぬ	死んだり	죽기도 하고
예외	行いく	行ったり	가기도 하고

동사의 기본형 형태는 문장을 끝맺거나(종지형), 체언을
수식하기도 하고(연체형), 그밖에 여러 가지 조동사 そう
だ, らしい, ようだ 등에 접속하기도 한다. 또한 조사 ので
·から·のに·が·けれども·と·か 등에도 접속한다.

~る	~하다(문장을 끝맺음)
~るそうだ	~한다고 한다
~るらしい	~할 것 같다
~るようだ	~할 것 같다
~るまい	~하지 않겠다
~るだろう	~할 것이다
~るでしょう	~할 것입니다
~る時	~할 때
~るの(ん)です	~합니다
~るつもりだ	~할 생각이다
~るところだ	~하는 중이다
~ることにする	~하기로 하다
~ることになる	~하게 되다
~ることがある	~경우가 있다
~ることができる	~할 수 있다

~るように	~하도록
~るから	~하니까
~るので	~하므로, ~하기 때문에

* 기본형은 문장의 종결부에 와서 문을 끝맺으면 종지형이 되고, 체언을 수식
하면 연체형이 된다.

Pattern 01 ● 기본형의 용법

① 존재를 나타내는 동사 いる, ある의 경우 기본형은
현재의 상태를 나타내기도 한다. 또한 ② 존재를 나타내
는 동사 이외에 동작을 나타내는 동사의 기본형은 계속
되는 동작을 나타내며, ③ 동작을 나타내는 동사는 계속
되는 동작 이외에 앞으로 행해질 일이나, 말하는 사람의
의지를 나타내기도 한다.

① いま、部屋の中におとうとがいる。

지금 방 안에 동생이 있다.

② わたしは、毎朝ジョギングをする。

나는 매일 아침 조깅을 한다.

③ わたしはこれから日本語の勉強をする。

나는 이제부터 일본어 공부를 하겠다.

Pattern 02 문장을 끝맺는다

종지형이란 동사의 기본형 상태로 문장을 끝맺는 형태를 말한다.

公園にさくらの花が咲く。

공원에 벚꽃이 피다.

わたしは毎朝六時ごろ起きる。

나는 매일 아침 6시 무렵에 일어난다.

Pattern 03 ~るそうだ

종지형에 전문을 나타내는 조동사 そうだ가 접속하여 「~ 한다고 한다」의 뜻을 나타낸다.

あしたは雨が降るそうだ。

내일은 비가 내린다고 한다.

川村さんは毎日運動をするそうです。

가와무라 씨는 매일 운동을 한답니다.

Pattern 04 ~るらしい

종지형에는 추정을 나타내는 조동사 ~らしい가 접속하여 「~하는 것 같다, 듯하다」의 뜻을 나타낸다.

仕事はもう終わるらしい。

일은 이제 끝날 것 같다.

Pattern 05 ● ~るようだ

불확실한 단정·비유·예시의 용법으로 쓰이는 조동사 よ
うだ가 접속하여 「~것 같다, ~듯하다」의 뜻을 나타낸다.

金さんは会社を辞めるようです。
김씨는 회사를 그만둘 것 같습니다.

彼はささやくような声で話しました。
그는 속삭이는 듯한 목소리로 이야기했습니다.

Pattern 06 ● ~るまい

종지형에 부정의 추측·의지를 나타내는 조동사 まい가
접속하여 「~아닐 것이다, ~않겠다」의 뜻을 나타낸다.

世の中にはそんなことはあるまい。
세상에는 그런 일은 없을 것이다.

Pattern 07 ● ~るだろう

종지형에는 だ의 추측형인 だろう가 접속하여 「~하겠지,
~할 것이다」의 뜻으로 추측을 나타낸다.

今度はかならず大学に合格するだろう。
이번에는 반드시 대학에 합격할 것이다.

종지형에는 정중한 단정을 나타내는 です의 추측형인 で
しょう가 접속하여「~하겠지요, ~할 것입니다」의 뜻으로
정중한 추측을 나타낸다.

きょうも岸村さんは来るでしょう。

오늘도 기시무라 씨는 오겠지요.

연체형이란 동사의 기본형에 체언(명사나 대명사의 총
칭)이 이어지는 형태를 말한다. 우리말에서는 동사가 체
언에 접속할 때는 어미의 변화가 있지만, 일본어에서는
기본형 상태이다.

韓国語を習う外国人もおおぜいいます。

한국어를 배우는 외국인도 많이 있습니다.

정중한 단정을 나타내는 です를 기본형에 준체언 の를
삽입하여 보통체를 정중하게 표현할 수 있다. 회화체에
서는 ん으로 발음이 변하기도 한다.

金村さんは、今どこへ行くのですか。

가마무라 씨는 지금 어디에 갑니까?

あなたはいつ日本へ帰るんですか。
당신은 언제 일본에 돌아갑니까?

Pattern 11 ● ~るつもりだ

연체형에 ~つもりだ(です)가 접속하면 「~할 생각, 예정이다(입니다)」의 뜻으로 확정된 예정은 아니지만 그렇게 하려고 하는 생각이 있을 때 쓴다.

夏休みになるとふるさとへ帰るつもりだ。
여름방학이 되면 고향에 갈 생각이다.

Pattern 12 ● ~るところだ

연체형에 ところだ가 접속하면 「~하려던 참이다」의 뜻으로, 어떤 동작을 막 시작하려고 할 때 쓰인다.

今、出かけるところだ。
지금 나가려던 참이다.

Pattern 13 ● ~ることにする

연체형에 ことにする가 접속하면 「~하기로 하다」의 뜻으로 어떤 동작을 하게 된 상태를 나타낸다.

今度の海外旅行は止めることにしました。
이번 해외여행은 그만두기로 했습니다.

연체형에 ことになる가 접속하면 「~하게 되다」의 뜻으로
어떤 동작을 하게 된 상태를 나타낸다.

今度会社を辞めることになりました。

이번에 회사를 그만두게 되었습니다.

연체형에 ことがある가 접속하면 어떤 행동을 할 기회가
있다는 표현으로 「~하는 일(경우)가 있다」와 같은 일반
적인 경우를 뜻한다.

わたしは遅刻することはありません。

저는 지각하는 일은 없습니다.

연체형에 ことができる가 접속하면 동사의 가능형과 마
찬가지로 「~할 수가 있다」의 뜻으로 가능을 나타낸다.

わたしは日本語の新聞を読むことができます。

나는 일본어 신문을 읽을 수가 있습니다.

あなたは日本語を話すことができますか。

당신은 일본어를 말할 수 있습니까?

연체형에 추측·비유·예시의 ように가 접속하면 「~하도록, 하게」의 뜻을 나타낸다.

よくわかるように説明してください。

잘 알 수 있도록 설명해주세요.

종지형에는 접속하여 쓰이는 조사 と·から·ので·けれども·が·し·か의 예를 들어본다.

この人形は目はあるけれども口がありません。

이 인형은 눈은 있지만 입이 없습니다.

字は読むが意味はわかりません。

글자는 읽겠지만 의미는 모르겠습니다.

運動もするし、勉強もするし、とてもいそがしい。

운동도 하고 공부도 하고 매우 바쁘다.

するか止めるか早く決めなさい。

할지 그만둘지 빨리 결정해라.

すぐ出るから待ってください。

금방 나갈 테니까 기다리세요.

ここは山がよく見えるので人でいっぱいです。

여기는 산이 잘 보이기 때문에 사람으로 가득합니다.

동사의 부정형은 그 상태로 문장을 끝맺거나, 체언을 수식하기도 하며, 또한 형용사와 동일하게 활용을 한다. 그 밖에 여러 가지 조동사 そうだ, らしい, ようだ에 접속하며, 조사 ので·から·のに 등이 접속한다.

~ない	~하지 않다
~ない時	~하지 않을 때
~ないです	~하지 않습니다
~なかった	~하지 않았다
~なければ	~하지 않으면
~なくて	~하지 않아서
~ないで	~하지 않고
~ないだろう	~하지 않을 것이다
~なくてもいい	~하지 않아도 된다
~なくてはいけない	~하지 않으면 안 된다
~ないようだ	~하지 않는 것 같다
~ないそうだ	~하지 않는다고 한다
~ないうちに	~하기 전에

~ないほうがいい	~하지 않는 것이 좋다
~ないように	~하지 않도록
~ないつもりだ	~하지 않을 생각이다
~ないので	~하지 않기 때문에
~ないから	~하지 않으니까

＊ 부정어 ない는 단독으로 쓰일 때는 「없다」의 뜻으로 형용사이지만, 활용어
에 접속하여 쓰일 때는 「~아니다」의 뜻으로 부정을 나타낸다. 그러나 활용
은 형용사와 동일하게 한다.

Pattern 01 ● ~ない

동사의 부정형은 문말에 와서 문장을 끝맺는다. 또한 부
정형은 현재의 부정 상태를 나타내지만, 경우에 따라서
는 부정 의지를 나타내기도 한다.

あの人は辛い物は食べない。
저 사람은 매운 것은 먹지 않는다.

いやな人がいるから僕は行かない。
싫은 사람이 있으니까 나는 가지 않겠다.

Pattern 02 ● ~ない＋체언

부정형은 기본형과 마찬가지로 ~ない의 상태로 뒤의 체
언을 수식하기도 한다.

新聞を読まない時はテレビを見る。

신문을 읽지 않을 때는 텔레비전을 본다.

Pattern 03 ● ~ないです

부정형에 です를 접속하면 「~하지 않습니다」의 뜻으로
정중형을 만드는 ます의 부정형 ません과 같은 뜻을 나타
낸다. ~ないです보다 ~ません이 더 일반적인 표현이다.
또한 회화체에서는 의미를 주기 위해 の(ん)를 삽입하여
~ないの(ん)です의 형태로도 쓰인다.

時間がないので行かないです。

시간이 없어서 가지 않겠습니다.

Pattern 04 ● ~なかった(です)

동사의 부정형 ~ない를 과거형으로 바꾸면 ~なかった가
된다. 이 상태로 문을 끝맺기도 하고 체언을 수식하기도
한다. 또한 ~なかった에 정중한 단정을 나타내는 ~です
를 접속하면 ~ませんでした와 같은 뜻이 된다.

藤森さんはきのう会社へ行かなかったんです。

후지모리 씨는 어제 회사에 가지 않았습니다.

Pattern 05 ● ~なければ

ない의 가정형은 なければ이다. 주로 의무나 당연을 나타낼 때 쓰이는 ~なければならない, ~なければいけない의 형태로 많이 쓰인다.

あしたは雨が降らなければ遠足に行きます。
내일은 비가 내리지 않으면 소풍을 갑니다.

国民は法律を守らなければならない。
국민은 법률을 지키지 않으면 안 된다.

Pattern 06 ● ~なくて

동사의 부정형에 접속조사 て를 접속하면 형용사와 마찬가지로 ~なくて의 형태가 된다. ~なくて는 원인이나 이유를 나타낼 때 주로 쓰인다.

雨が降らなくて地面が乾いている。
비가 내리지 않아서 땅이 말라 있다.

Pattern 07 ● ~ないで(ずに)

동사의 부정형에 で를 접속한 ~ないで는 다른 동작이나 상태에 이어질 때 쓰인다. 따라서 뒤에 의지, 희망, 요구 등의 말이 온다.

おとうとは勉強をしないで遊んでいます。

동생은 공부를 하지 않고 놀고 있습니다.

あまりお酒は飲まないでください。

너무 술은 마시지 마세요.

Pattern 08 ● ~ないだろう(でしょう)

부정형에 だろう를 접속하면 「~하지 않을 것이다」의 뜻이 된다. 정중하게 말할 때는 でしょう를 접속하면 된다.

川崎さんはきょう会社へ来ないだろう。

가와사키 씨는 오늘 회사에 오지 않을 것이다.

たぶん住吉さんはお酒を飲まないでしょう。

아마 스미요시 씨는 술을 마시지 않을 것입니다.

Pattern 09 ● ~なくてもいい

동사의 부정형에 ~てもいい를 접속하면 「~하지 않아도 된다」는 뜻으로 허락을 나타낸다.

きょうは朝早く会社へ来なくてもいい。

오늘은 아침 일찍 회사에 오지 않아도 된다.

これから薬は飲まなくてもいいです。

이제부터 약은 먹지 않아도 됩니다.

Pattern 10 ● ~なくてもいけない(ならない)

부정형에 ~てはいけない(ならない)를 접속하면 「~하지 않고서는 안 된다」는 뜻을 나타낸다. 회화체에서는 ては를 ちゃ로 줄여서 쓰기도 한다.

きょう、井上さんに会わなくてはいけない。
오늘 이노우에 씨를 만나지 않으면 안 된다.

あなたはこの薬を飲まなくちゃいけません。
당신은 이 약을 먹지 않으면 안 됩니다.

Pattern 11 ● ~ないようだ(らしい)

부정형에 불확실한 단정·비유·예시의 용법으로 쓰이는 조동사 ようだ와, 추정을 나타내는 조동사 ~らしい가 접속하여 「~하지 않는 것 같다」의 뜻을 나타낸다

彼は最近お酒を飲まないようです。
그는 요즘 술을 마시지 않는 것 같습니다.

Pattern 12 ● ~ないうちに

부정형에 うちに가 접속하면 「~하기 전에」의 뜻으로 시간적인 한정조건을 나타낸다.

雨が降らないうちに急いで行きましょう。
비가 내리기 전에 서둘러 갑시다.

동사의 부정형에 ほうがいい가 접속하면 「~하지 않는 것이 좋다」라는 뜻으로 충고, 조언, 제안을 나타낸다.

無駄遣いはしないほうがいい。

낭비는 하지 않는 것이 좋다.

そのことは誰にでも言わないほうがいいです。

그 일은 아무에게도 말하지 않는 게 좋습니다.

동사의 부정형에 ように가 접속하면 「~하지 않도록, ~하지 말도록」의 뜻이 된다.

会社に遅れないように急いで行きましょう。

회사에 늦지 않도록 서둘러 갑시다.

부정형에 つもりだ가 접속하면 「~하지 않을 생각이다」의 뜻으로 아직 확정되지 않는 예정을 나타낸다.

あしたは病院へ行かないつもりだ。

내일은 병원에 가지 않을 생각이다.

これからはタバコを吸わないつもりです。

이제부터는 담배를 피우지 않을 생각입니다.

부정형에 ので가 접속하여 「~하기 때문에」의 뜻으로 객관적인 원인이나 이유를 나타낸다.

国から手紙の返事が来ないので、とても心配です。

고향에서 편지 답장이 오지 않아서 매우 걱정입니다.

雨が降らないので農民たちは困っている。

비가 내리지 않아서 농민들은 곤란을 겪고 있다.

부정형에 から가 접속하면 「~하니까」의 뜻으로 말하는 사람의 주관적인 원인이나 이유를 나타낸다.

太らないから、これは食べてもいいです。

살찌지 않으니까 이건 먹어도 됩니다.

遅刻しないから、急がなくてもいいです。

지각하지 않으니까 서두르지 않아도 됩니다.

중지형

동사의 중지형은 문장을 중지하거나, 조동사 そうだ, 형용사형 접미어 たい·やすい·にくい와 동사형 접미어 たがる, 조사 ながら·に 등이 접속한다.

~すぎる	너무~하다
~やすい	~하기 쉽다
~にくい	~하기 어렵다
~たい	~하고 싶다
~たがる	~하고 싶어하다
~そうだ	~할 것 같다
~ながら	~하면서
~なさい	~하거라
~に行く	~하러 가다

＊ 5단동사의 중지형은 어미 う단이 い단으로 바뀐 상태이고, 상1단·하1단동사의 경우는 る가 탈락된 상태가 중지형이다. 변격동사는 어간이 くる는 き가 되고, する는 し가 된다.

Pattern 01 ● 문장을 중지한다

동사의 중지형은 문장을 중지하여 「~하고, ~하며」 등의
뜻을 나타낸다.

花も咲き、鳥も鳴き、気持ちがさわやかだ。

꽃도 피고 새도 울고 기분이 상쾌하다.

暑い夏が過ぎ、涼しい秋が来る。

더운 여름이 지나고 시원한 가을이 오다.

Pattern 02 ● 명사를 만든다

동사 성질에 따라 중지형 그 자체로 명사가 되기도 한다.

わたしによい考えがあります。 / 考える

나에게 좋은 생각이 있습니다. / 생각하다

Pattern 03 ● 복합동사를 만든다

동사의 중지형에 다른 동사가 이어져 복합동사를 만든다.

計算の公式を思い出す。 / 思う・出す

계산의 공식을 생각해내다. / 생각하다・내다

問題解決について話し合う。 / 話す・合う

문제해결에 대해서 의논하다. / 이야기하다・맞다, 합치다

背広に着替えて外出する。 / 着る・替える

양복으로 갈아입고 외출하다. / 입다・바꾸다

Pattern 04 ● ~すぎる

중지형에 すぎる가 접속하면 「너무(지나치게) ~하다」의
뜻을 가진 복합동사를 만든다.

彼はタバコを吸いすぎる。/ 吸う

그는 담배를 너무 많이 피운다. / 들이마시다

お昼にご飯をちょっと食べすぎました。/ 食べる

낮에 밥을 너무 많이 먹었습니다. / 먹다

Pattern 05 ● ~やすい

동사의 중지형에 형용사형 접미어 やすい가 접속하면 「~
하기 쉽다, ~하기 편하다」라는 뜻의 형용사를 만든다.

慣れた道具は使いやすい。/ 使う

익숙한 도구는 사용하기 편하다. / 쓰다, 사용하다

この肉は柔らかくて食べやすいです。/ 食べる

이 고기는 부드러워서 먹기 쉽습니다. / 먹다

Pattern 06 ● ~にくい

동사의 중지형에 형용사형 접미어 にくい가 접속하면 「~
하기 어렵다, ~하기 힘들다」라는 뜻의 형용사를 만든다.

この字は小さくて読みにくい。/ 読む

이 글자는 작아서 읽기 어렵다. / 읽다

この薬は苦くて飲みにくい。 / 飲む

이 약은 써서 먹기 힘들다. / 마시다

Pattern 07 ● ~もの / ~かた

중지형에 もの物가 접속하면 「~하는 것」이라는 뜻의 명사를 만들고, かた方가 접속하면 「~하는 방법」이라는 뜻의 명사를 만든다.

母とデパートへ買い物に行く。 / 買う

어머니와 백화점에 물건을 사러 가다. / 사다

この機械の使い方を教えてください。 / 使う

이 기계의 사용법을 가르쳐 주세요. /사용하다

Pattern 08 ● ~たい

중지형에 희망을 나타내는 たい가 접속하면 「~하고 싶다」의 뜻으로 말하는 사람이나 상대방의 직접적인 희망을 나타낸다. 희망의 대상물에는 조사 が를 쓴다.

のどが乾いて冷たい水が飲みたいです。

목이 말라 차가운 물을 마시고 싶습니다.

Pattern 09 ● ~たがる

중지형에 제3자의 희망을 나타내는 たがる가 접속하면 「~하고 싶어하다」라는 뜻이 된다.

有島さんは韓国語を習いたがっています。

아리시마 씨는 한국어를 배우고 싶어합니다.

Pattern 10 ● ~そうだ

중지형에 そうだ를 접속하면 외견상 판단해서 그렇게 보인다는 양태를 나타낸다.

きょうの会議は早く終わりそうです。

오늘 회의는 일찍 끝날 것 같습니다.

Pattern 11 ● ~ながら

중지형에 ながら를 접속하면 「~하면서」의 뜻으로 두 가지 이상의 동작이 동시에 이루어짐을 나타낸다.

部屋の中で音楽を聞きながら勉強をする。

방안에서 음악을 들으면서 공부를 하다.

Pattern 12 ● ~なさい

중지형에 なさい를 접속하면 가벼운 의뢰나 명령이 된다.

寒いから、ドアを閉めなさい。

추우니까 문을 닫아라.

まだ熱があるからもっと休みなさい。

아직 열이 있으니까 더 쉬어라.

Pattern 13 ● ~に行く

중지형에 ~に行く를 접속하면 「~하러 가다」의 뜻으로 이
때 조사 に는 동작의 목적을 나타낸다. 뒤에 이어지는
동사는 이동을 나타내는 동사로 行く(가다), 来る(오다),
帰る(돌아가다), 出る(나오다) 등이 있다.

おとうとは駅に切符を買いに行きました。

동생은 역에 표를 사러 갔습니다.

彼は吉村さんに会いに来ました。

그는 요시무라 씨를 만나러 왔습니다.

木下さんは野球を見に家へ帰りました。

기노시타 씨는 야구를 보러 집에 돌아갔습니다.

西村さんは展覧会を見に会社から出ました。

니시무라 씨는 전람회를 보러 회사에서 나왔습니다.

동사의 정중형은 그 상태로 문장을 끝맺거나(종지형), 동사처럼 ます가 활용을 하며, 또한 조사 たら・と・ので・から・のに 등이 접속한다.

~ます	~합니다
~ません	~하지 않습니다
~ました	~했습니다
~ませんでした	~하지 않았습니다
~ましょう	~합시다
~ましたら	~하신다면
~ますから	~하니까
~ますので	~하기 때문에
~ますが	~하지만

＊ 5단동사의 정중형은 어미 う단이 い단으로 바뀌어 정중한 뜻을 나타내는 조동사 ます가 접속된다. 상1단・하1단동사의 경우는 る가 탈락되어 ます가 접속되며, 변격동사 くる는 きます로, する는 します로 어미가 변하여 ます가 접속된다.

Pattern 01 ● ~ます

ます는 동사의 중지형에 접속하여「~ㅂ니다」의 뜻으로
말하는 사람이 듣는 사람에게 공손한 마음을 나타낸다.
또한「~겠습니다」의 뜻으로 의지를 나타내기도 한다.

毎朝、テレビを見ながら新聞を読みます。
매일 아침 텔레비전을 보면서 신문을 읽습니다.

あした、朝早く起きて行きます。
내일 아침 일찍 일어나서 가겠습니다.

Pattern 02 ● ~ません

ません은 ます의 부정형으로「~하지 않습니다」의 뜻을
나타낸다. 또한「~하지 않겠습니다」의 뜻으로 동작주의
의지를 나타내기도 한다.

彼女はめったに映画を見ません。
그녀는 좀처럼 영화를 보지 않습니다.

時間がないのでぼくは行きません。
시간이 없어서 나는 가지 않겠습니다.

Pattern 03 ● ~ました

ました는 ます의 과거형으로「~했습니다」의 뜻으로 정중
한 과거를 나타낸다.

彼は先月会社の同僚と結婚しました。

그는 지난달 회사의 동료와 결혼했습니다.

Pattern 04 ● ~ませんでした

부정형 ません에 でした를 접속한 ~ませんでした는 「~하지 않았습니다」의 뜻으로 과거 부정을 나타낸다.

きのう会社で吉村課長に会いませんでした。

어제 회사에서 요시무라 과장을 만나지 않았습니다.

Pattern 05 ● ~ましょう

ましょう는 ます의 권유형으로 상대방의 동의를 얻어서 말하는 사람이 행동을 일으키도록 제안을 할 때 쓰인다. 따라서 어떤 때에는 권유의 뜻이 되며, 어떤 때는 말하는 사람의 의지를 나타내기도 한다. 상대방의 의향을 물을 때는 ましょうか를 쓴다.

今度、いっしょに遊びに行きましょう。

이번에 함께 놀러 갑시다.

これからみんなで歌を歌いましょうか。

지금부터 모두 함께 노래를 부를까요?

Pattern 06 ● ~ましたら

ましたらは ~ますの 조건형으로 「~하신다면」의 뜻이다.

急用_{きゅうよう}が ありましたら、私_{わたし}にご連絡_{れんらく}ください。

급한 일이 있으시면 저에게 연락 주십시오.

Pattern 07 ● ~ますので(から)

접속조사 ので와 から가 ます에 접속하면 기본형에 접속하는 것보다 정중한 표현이 된다.

用事_{ようじ}がありますので、どこへも行_いけません。

볼일이 있어서 어디에도 갈 수 없습니다.

何_{なに}もありませんから、心配事_{しんぱいごと}はありません。

아무것도 없으니까 걱정거리는 없습니다.

Pattern 08 ● ~ますが(けれども)

접속조사 が 또는 けれども가 접속하여 「~하지만, ~하겠습니다만」의 뜻을 나타낸다.

タバコは吸_すいますが、酒_{さけ}は飲_のみません。

담배는 피웁니다만, 술은 마시지 않습니다.

彼_{かれ}はここにいますけれども、彼女_{かのじょ}はいません。

그는 여기에 있지만, 그녀는 없습니다.

과거형

동사의 과거형은 그 자체로 문장을 끝내는 역할도 하며, 체언을 수식하기도 한다. 과거형에 정중한 단정을 나타내는 です를 접속하면 정중체가 되며, 조동사 そうだ, ようだ, らしい 등이 접속하고, 조사 ので, から, ばかり, と, し, が 등이 접속한다.

~た	~했다
~た時	~했을 때
~たの(ん)です	~했습니다
~たことがある	~한 적이 있다
~たことがない	~한 적이 없다
~たつもりで	~한 셈으로
~たばかりだ	막~했다
~たところが	~했더니
~たほうがいい	~한 것이 좋다
~たそうだ	~했다고 한다
~たようだ	~한 것 같다
~たらしい	~한 듯하다
~ただろう	~했을 것이다

※ 5단동사의 경우 과거형은 어미의 형태에 따라 각기 다르게 변한다. 자세한 것은 동사의 음편을 참조할 것. 상1단·하1단동사의 경우는 ます가 접속될 때와 마찬가지로 る를 빼고 조동사 た를 접속하면 된다. 변격동사 くる는 きた, する는 した가 된다.

Pattern 01 ● 文文을 끝맺는다

동사의 과거형은 「~했다」의 뜻으로 그 자체로 문장을 끝 맺기도 한다.

デパートで新型のテレビを買った。

백화점에서 신형 텔레비전을 샀다.

Pattern 02 ● ~た+体言

과거형은 그 자체로 체언을 수식하기도 한다.

きのう見た映画はどうでしたか。

어제 본 영화는 어땠습니까?

Pattern 03 ● ~たの(ん)です

동사의 과거형에 ~の(ん)です를 접속하면 ~ました와 같 은 뜻이 된다.

154

この手紙はだれが書いたのですか。

이 편지은 누가 썼습니까?

あなたはきのう誰に会ったんですか。

당신은 어제 누구를 만났습니까?

Pattern 04 ~たことがある

과거형에 ことがある를 접속하면 「~한 적이 있다」의 뜻
으로 과거의 경험을 나타낸다. 정중하게 표현할 때는 あ
る 대신에 あります를 쓰면 된다.

僕は東京へ行ったことがある。

나는 도쿄에 간 적이 있다.

あなたは日本料理を食べたことがありますか。

당신은 일본요리를 먹은 적이 있습니까?

Pattern 05 ~たことがない

과거형에 ことがない를 접속하면 「~한 적이 없다」의 뜻
으로 과거의 무경험을 나타낸다. 정중하게 표현할 때는
ない 대신에 ありません을 쓰면 된다.

彼女は学校を休んだことがない。

그녀는 학교를 쉰 적이 없다.

과거형에 つもりで를 접속하면 실제로는 그렇지 않지만 그러한 기분이나 생각이 든다는 것을 나타낸다.

もう試験に受かったつもりで喜んでいます。

벌써 시험에 합격한 것처럼 기뻐하고 있습니다.

彼は友達になったつもりでいます。

그는 친구가 된 줄 알고 있어요.

과거형에 ばかりだ를 접속하면 「막 ~하다」의 뜻으로 동작의 시간이 얼마 경과되지 않은 상태를 나타낸다.

その話はさっき聞いたばかりだ。

그 이야기는 아까 막 들었다.

まだ日本へ来たばかりで日本語はよくわからない。

아직 일본에 온지 얼마 안 되서 일본어는 잘 모른다.

과거형에 ところが를 접속하면 「~했더니, 해보았더니」의 뜻으로 동작에 대한 의외의 결과를 나타낸다.

わざわざ行ったところが、あいにく留守でした。

일부러 갔더니만 공교롭게 부재중이었습니다.

Pattern 09 ~たほうがいい

과거형에 ほうがいい를 접속하면 「~하는 것이 좋다」의 뜻으로 동작이나 행동에 대해 좋은 방향으로 유도한다.

早く家へ帰って休んだほうがいい。

일찍 집에 돌아가 쉬는 것이 좋겠다.

本人のご希望をうかがったほうがいいですね。

본인의 희망을 묻는 것이 좋겠군요.

Pattern 10 ~たそうだ

전문을 나타내는 조동사 そうだ는 과거형에 접속하여 「~했다고 한다」의 뜻을 나타낸다.

山内さんは会社を辞めたそうです。

야마우치 씨는 회사를 그만두었다고 합니다.

きのう日本人の友達が来たそうです。

어제 일본인 친구가 왔다고 합니다.

Pattern 11 ~たようだ

불확실한 단정·비유·예시를 나타내는 ようだ는 동사의 과거형에도 접속하여 「~한 것 같다」의 뜻을 나타낸다.

あの話はどこかで聞いたようです。

그 이야기는 어디선가 들은 것 같습니다.

확정적으로 단정할 수 없지만 그렇다고 판단될 때 쓰이
는 추정의 らしい도 과거형에 접속하여 쓰인다.

夜中に雨が降ったらしく、地面が濡れている。

밤중에 비가 내린 듯이 지면이 젖어 있다.

과거형에 단정의 추측을 나타내는 だろう가 접속하면 「~
했을 것이다」의 뜻으로 과거의 추측을 나타낸다.

もう彼女は空港に着いただろう。

벌써 그녀는 공항에 도착했을 것이다.

과거형에 원인이나 이유를 나타내는 から와 ので가 접속
하면 「~했으니까」의 뜻을 나타낸다.

彼は学校へ行ったから、家にいないだろう。

그는 학교에 갔으니까 집에 없을 것이다.

今日はとても疲れたので、早くうちへ帰った。

오늘은 매우 피곤해서 일찍 집에 돌아왔다.

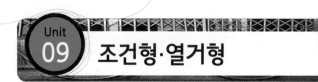

동사의 조건형은 기본적으로 가정조건을 나타내지만, 뒷
문장에 따라 완료조건이나 모순된 일, 또는 뜻밖의 일을
나타낼 때도 쓰인다.
동사의 열거형 たり는 여러 가지 동작이나 작용을 열거하
며, 주로 ~たり ~たりする의 형태로 많이 쓰인다.

~たら	~하면
~たら	~한다면(완료조건)
~たら	~했더니(모순된 결과)
~たら	~했더니(뜻밖의 일)
~たり	~하기도 하고
~たり~たりする	~하거나~하거나 하다
~たりなど	~하거나

* 5단동사의 경우 조건형(たら), 열거형(たり)은 어미의 형태에 따라 각기 다
르게 변한다. 자세한 것은 동사의 음편을 참조할 것. 상1단·하1단동사의
경우는 ます가 접속될 때와 마찬가지로 る를 떼고 조건형인 たら, 열거형
인 たり를 접속하면 된다. 변격동사 くる는 きたら·きたり, する는 した
ら·したり가 된다.

Pattern 01 　~たら ❶

조건형에 접속되는 たら는 과거·완료를 나타내는 た의 조건형이다. 그러나 과거의 표현에만 쓰이지 않고 가정형에 접속하는 ば와 같은 의미로도 쓰인다. たら는 다음에 오는 말은 권유나 허가, 명령, 의지 등의 말하는 사람의 뜻을 나타내는 말이 온다.

時間<ruby>じ<rt></rt>かん</ruby>があったら、手伝<ruby>て<rt></rt>つだ</ruby>ってください。

시간이 있으면 거들어 주세요.

仕事<ruby>し<rt></rt>ごと</ruby>が終<ruby>お<rt></rt></ruby>わったら、帰<ruby>かえ<rt></rt></ruby>ってもいいです。

일이 끝나면 돌아가도 됩니다.

日本<ruby>に<rt></rt>ほん</ruby>へ行<ruby>い<rt></rt></ruby>ったら歌舞伎<ruby>か<rt></rt>ぶき</ruby>を見<ruby>み<rt></rt></ruby>て来<ruby>こ<rt></rt></ruby>よう。

일본에 가면 가부키를 보고 와야지.

あなたが止<ruby>や<rt></rt></ruby>めたら、みんな困<ruby>こま<rt></rt></ruby>るでしょう。

당신이 그만둔다면 모두 곤란할 것입니다.

Pattern 02 　~たら ❷

전문에서 동작의 완료를 조건으로 할 때는 たら를 쓴다.

会社<ruby>かいしゃ<rt></rt></ruby>が終<ruby>お<rt></rt></ruby>わったら、すぐうちへ来<ruby>き<rt></rt></ruby>てください。

회사가 끝나면 곧장 집에 오세요.

夏休<ruby>なつやす<rt></rt></ruby>みになったら、国<ruby>くに<rt></rt></ruby>へ帰<ruby>かえ<rt></rt></ruby>ろうと思<ruby>おも<rt></rt></ruby>います。

여름방학이 되면 고향에 가려고 합니다.

Pattern 03   **~たら ❸**

어떤 행동을 했더니 그와 모순되지 않는 사항이 일어났을 때도 쓰인다.

ご飯をたくさん食べたら、体が太りました。

밥을 많이 먹었더니 살이 쪘습니다.

友達と酒を飲んだら、酔っ払ってしまった。

친구와 술을 마셨더니 취해버렸다.

Pattern 04   **~たら ❹**

예기치 못한 사항이 일어났을 때도 쓴다.

彼と話してみたら、意外の結果が出ました。

그와 이야기해보았더니 의외의 결과가 나왔습니다.

Pattern 05   **~たり~たりする**

열거형은 주로 ~たり~たりする의 형태로 쓰이며, 여러 가지 동작을 열거하여 「~하기도 하고 ~하기도 한다」의 뜻을 나타낸다.

お休みにはドライブをしたり釣りをしたりします。

휴일에는 드라이브를 하거나 낚시를 하거나 합니다.

日曜日は友達に会ったり映画を見たりします。

일요일에는 친구를 만나거나 영화를 보거나 합니다.

たりは 반대되는 말을 두 가지 열거하여, 그 동작이 반복됨을 나타낸다.

一日じゅう雨が降ったり止んだりする。
하루종일 비가 내렸다 그쳤다 한다.

姉はドラマを見て泣いたり笑ったりします。
누나는 드라마를 보고 울었다 웃었다 합니다.

たりは 같은 종류의 사항 중에서 특별히 하나를 예로 들어 말하는 경우에도 쓰인다.

嘘をついたりなどしてはいけません。
거짓말을 하거나 하면 안 됩니다.

これは大切なものだから、壊したりなどしたら大変だ。
이것은 중요한 것이니까 깨거나 하면 큰일이다.

病院で騒いだりなどしてはいけない。
병원에서 떠들거나 하면 안 된다.

Unit
10 접속형

동사의 접속형은 그 자체로 열거, 중지, 설명, 원인·이유
를 나타내며, いる(있다), ある(있다), おく(두다), みる(보
다), しまう(채우다), くれる(주다), あげる(주다), もらう
(받다) 등 다양한 보조동사와, 요구나 의뢰를 나타내는
ください, ちょうだい, ごらんなさい 등이 이어진다.

~て	~하고, ~하여(접속)
~て	~해서, ~하여(이유)
~ている	~하고 있다
~てある	~해 있다
~ていく	~해가다
~てくる	~해오다
~ておく	~해 두다
~ておる	~하고 있다
~ていらっしゃる	~하고 계시다
~てしまう	~해버리다
~てみる	~해보다
~てから	~하고 나서
~てばかりいる	~하고만 있다

~てあげる	~해 주다
~てくれる	~해 주다
~てもらう	~해 받다
~てはいけない	~해서는 안 된다
~てもいい	~해도 좋다
~てください	~해 주세요
~てごらんなさい	~해 보세요
~てほしい	~하기 바란다

＊ 5단동사의 경우 접속형은 어미의 형태에 따라 각기 다르게 변하므로 동사의
음편을 참조할 것. 상1단·하1단동사는 る를 떼고 접속조사 て를 이으면
된다. 변격동사 くる는 きて, する는 して가 된다.

Pattern 01 ● ~て ❶

어떤 동작에서 다른 동작으로 이어준다.

まいにちがっこう
毎日学校へ行って、日本語を勉強します。
매일 학교에 가서 일본어를 공부합니다.

ともだち あ えいが み
きのうは友達に会って映画を見ました。
어제는 친구를 만나 영화를 보았습니다.

Pattern 02 ● ~て ❷

앞의 동작이 뒤의 동작의 원인이나 이유, 설명이 된다.

用事があって出かけました。

용무가 있어서 나갔습니다.

公園にはさくらの花が咲いて美しいですね。

공원에는 벚꽃이 피어 아름답군요.

彼女はかぜを引いて寝ています。

그녀는 감기가 걸려 누워 있습니다.

Pattern 03 ● ~て ❸

앞, 뒤 사항을 나열해 줄 때 쓴다.

歌って、踊って、楽しく過ごしました。

노래하고 춤추고 즐겁게 지냈습니다.

歯を磨いて、顔を洗ってご飯を食べる。

이를 닦고 얼굴을 씻고 밥을 먹다.

Pattern 04 ● ~ている

접속형에 보조동사 いる가 접속하면 동사의 성질에 따라 동작의 진행이나, 동작의 결과로 생긴 상태, 또는 단순한 상태를 나타낸다. 활용은 본동사 いる와 동일하다.

<ruby>二日前<rt>ふつかまえ</rt></ruby>からずっと<ruby>雨<rt>あめ</rt></ruby>が<ruby>降<rt>ふ</rt></ruby>っている。

이틀 전부터 쭉 비가 내리고 있다.

<ruby>外<rt>そと</rt></ruby>で<ruby>友達<rt>ともだち</rt></ruby>が<ruby>呼<rt>よ</rt></ruby>んでいました。

밖에서 친구가 부르고 있었습니다.

<ruby>道<rt>みち</rt></ruby>にタクシーが<ruby>止<rt>と</rt></ruby>まっていました。

길에 택시가 멈춰 있었습니다.

あの<ruby>子<rt>こ</rt></ruby>は<ruby>父親<rt>ちちおや</rt></ruby>によく<ruby>似<rt>に</rt></ruby>ています。

저 아이는 아버지를 많이 닮았습니다.

Pattern 05 ● ~てある

동작의 결과상태를 나타내는 표현 중, 주어의 의지가 들어 있는 동사, 즉 타동사에 보조동사 **ある**가 접속하면 동작의 결과를 나타냄과 동시에 말하는 사람의 동작을 행한 주체를 의식하는 표현이 된다. 이 때 주의할 것은 앞에 조사 **が**가 쓰인다.

<ruby>紙<rt>かみ</rt></ruby>に<ruby>大<rt>おお</rt></ruby>きく<ruby>名前<rt>なまえ</rt></ruby>が<ruby>書<rt>か</rt></ruby>いてある。

종이에 크게 이름이 쓰여 있다.

テーブルの<ruby>上<rt>うえ</rt></ruby>にきれいな<ruby>花<rt>はな</rt></ruby>が<ruby>生<rt>い</rt></ruby>けてあります。

테이블 위에 예쁜 꽃이 꽂혀 있습니다.

접속형에 보조동사 いく가 이어지면 점차로 어떤 상태로 되어 가는 것을 나타낸다.

これからだんだん寒くなっていく。

이제부터 점점 추워진다.

ソウルの生活にだんだん慣れていきます。

서울의 생활에 점점 익숙해져 갑니다.

동사의 접속형에 보조동사 くる가 이어지면 점차로 어떤 상태로 되어 오는 것을 나타낸다. 본동사 来る와 동일하게 활용을 한다.

いい考えが浮かんできました。

좋은 생각이 떠올랐습니다.

접속형에 보조동사 おく가 오면 「~해 두다」의 뜻으로 동작의 상태를 지속시켜주기도 하고, 앞으로의 일에 대비할 때도 쓴다. 본동사 置く와 동일하게 활용을 한다.

前売券はもう買っておきました。

예매권은 이미 사 두었습니다.

おるは いる의 겸양어이므로 ~ておる도 진행이나 상태를
나타내는 ~ている의 겸양표현이 된다.

わたくしは銀行に勤めております。
저는 은행에 근무하고 있습니다.

事件の経緯は詳しく知っております。
사건의 경위는 자세히 알고 있습니다.

いらっしゃるは いる의 존경어로, ~ていらっしゃるは 진행
이나 상태를 나타내는 ~ている의 존경표현이다.

渡辺さんは郵便局に勤めていらっしゃいます。
와타나베 씨는 우체국에 근무하고 계십니다.

접속형에 しまう가 오면, 모든 것이 끝나서 더 이상 없음
을 나타낸다.

今までのことは全部忘れてしまった。
지금까지의 일은 전부 잊어버렸다.

駅で財布をなくしてしまいました。
역에서 지갑을 잃어버렸습니다.

Pattern 12 ● ~てみる

접속형에 보조동사 **みる**가 이어지면 「~해 보다」의 뜻으로 시도하다라는 의미를 나타낸다.

ぼくも一度やってみる。

나도 한 번 해 보겠다.

Pattern 13 ● ~てから

접속형에 **から**를 접속하면 「~하고 나서」의 뜻으로 앞의 동작이 일어난 후에 다른 동작이 일어남을 나타낸다.

仕事が終わってから映画を見ました。

일이 끝나고 나서 영화를 보았습니다.

Pattern 14 ● ~てばかりいる

동사의 접속형에 **ばかりいる**가 접속하면 오직 그것만 하고 다른 것은 하지 않는다는 것을 나타낸다. 이것은 ~ばかり~ている의 형태로도 바꿔 말할 수 있다.

座ってばかりいないで、たまには運動をしなさい。

앉아만 있지 말고 가끔은 운동을 해라.

彼女は何も言わないで泣いてばかりいます。

그녀는 아무 말도 하지 않고 울고만 있습니다.

다른 사람에게 무언가를 「주다」라는 뜻을 나타내는 **やる ·あげる·さしあげる**는 동사의 접속형에 이어져 보조동 사로 쓰이면 그 사람을 위해 「~해 주다, ~해 드리다」라는 뜻을 나타낸다.

僕はおとうとに英語を教えてやりました。

나는 동생에게 영어를 가르쳐 주었습니다.

石原さんに記念品を送ってあげました。

이시하라 씨에게 기념품을 보내 주었습니다.

先生に手袋を買ってさしあげました。

선생님께 장갑을 사 드렸습니다.

타인이 자신에게 또는 자기 쪽으로 어떤 것을 「주다」라 는 뜻을 나타내는 **くれる·くださる**는 동사의 접속형에 이 어져 보조동사로 쓰이면 (나를, 자기 쪽을 위해) 「~해 주다, 해 주시다」의 뜻을 나타낸다.

兄が私に日本語を教えてくれました。

형이 저에게 일본어를 가르쳐 주었습니다.

先生が卒業祝いに辞典を買ってくださいました。

선생님이 졸업 축하로 사전을 사 주셨습니다.

다른 사람에게 어떤 것을 「받다」라는 뜻을 가진 もらう・いただく는 동사의 접속형에 이어져 다른 사람의 동작으로 영향을 받든가 부탁하여 동작을 받든가 하는 것을 나타낸다. 일본어에 있어서 다른 사람이 해 준 행동도 자기 자신을 낮추어 동작을 받는 듯한 간접적인 표현을 함으로써 상대방에 대한 경의를 나타낸다. 또 ~てもらう(いただく)의 경우 그 동작의 대상이 될 때는 조사 に가 오는 것이 보통이며, 이 때 우리말로 해석할 때는 직접적인 표현인 ~てくれる(くださる)로 해석하면 자연스럽다.

弟に切手を買って来てもらいました。
동생이 우표를 사와 주었습니다.

吉村社長に会社を案内していただきました。
요시무라 사장님이 회사를 안내해 주셨습니다.

접속형에 금지의 뜻을 나타내는 いけない(いけません)나 ならない(なりません)를 접속하면 「~해서는 안된다(안됩니다)」의 뜻으로 상대방의 어떤 행위를 강하게 금지하는 표현이 된다.

子供は危ない所で遊んではいけない。
어린이는 위험한 곳에서 놀아서는 안 된다.

人は約束を破ってはなりません。

사람은 약속을 어겨서는 안 됩니다.

Pattern 19 ● ~てもいい(かまわない)

상대방의 행위에 대한 권유나 허가를 나타낼 때는 동사
의 접속형에 いい(좋다) 또는 かまわない(상관없다) 등을
접속하여 사용한다.

これからタバコを吸ってもいい。

이제부터 담배를 피워도 된다.

仕事が終わったのでもう帰ってもいいです。

일이 끝났으므로 이제 돌아가도 됩니다.

この映画は青少年が見てもかまいませんか。

이 영화는 청소년이 봐도 괜찮습니까?

Pattern 20 ● ~てください

ください는 동사의 접속형에 이어져 「~해 주세요」라는 뜻
으로 의뢰나 요구를 나타낸다.

すみませんが、ここでちょっと待ってください。

미안하지만 여기서 잠깐 기다려 주세요.

あしたうちへ遊びに来てください。

내일 집에 놀러 와 주세요.

ごらんなさいは みなさいより 공손한 말로, 동사의 접속형에 이어지면 「~해 보거라」라는 뜻으로 가벼운 요구나 의뢰를 나타낸다. みなさい와 같은 뜻으로 해석되지만 ごらんなさい가 더 존경스런 표현이다.

<ruby>泣<rt>な</rt></ruby>かないで、ゆっくり<ruby>話<rt>はな</rt></ruby>してごらんなさい。

울지 말고 천천히 이야기해 보거라.

その<ruby>件<rt>けん</rt></ruby>については<ruby>山村<rt>やまむら</rt></ruby>さんに<ruby>聞<rt>き</rt></ruby>いてごらんください。

그 건에 대해서는 야마무라 씨께 물어보십시오.

ほしいは 동사의 접속형에 보조 형용사로 쓰이면 상대방이 그런 행동을 해 주었으면 좋겠다는 뜻이 된다. 이것은 ~てもらいたい(いただきたい)와 같은 뜻이다.

あしたうちに<ruby>遊<rt>あそ</rt></ruby>びに<ruby>来<rt>き</rt></ruby>てほしい。

내일 집에 놀러 와 주었으면 좋겠다.

すみませんが、もう<ruby>少<rt>すこ</rt></ruby>し<ruby>待<rt>ま</rt></ruby>ってほしいんですが。

미안하지만, 좀 더 기다려 주었으면 합니다만.

<ruby>私<rt>わたし</rt></ruby>の<ruby>書<rt>か</rt></ruby>いた<ruby>作文<rt>さくぶん</rt></ruby>を<ruby>直<rt>なお</rt></ruby>してもらいたいです。

제가 쓴 작문을 고쳐주었으면 합니다.

동사의 가정형 ば는 앞서 배운 조건형 たら와 의미상 비
슷하지만, たら가 개별적인 경우에 쓰이는 반면, ば는 일
반적인 사실을 나타낼 때에 쓰인다. 그러므로 ば는 말하
는 사람의 객관적인 가정이 강하다.

~ば	~하면(단순가정)
~ば	~하면(존재하는 조건)
~ば	~하면(순접 확정조건)
~ば~ほど	~하면 ~할수록
~さえ~ば	~만 ~한다면
~も~ば	~도 ~하며

＊ 5단동사의 가정형은 어미 う단이 え단으로 바뀌어 가정의 뜻을 나타내는
조사 ば가 이어진다. 상1단·하1단동사의 경우는 る를 れ로 바꾸어 가정의
뜻을 나타내는 조사 ば를 접속하면 가정형이 된다.

＊ 변격동사 くる와 する는 어간이 변하지 않고 어미가 う단에서 え단으로
바뀌어 가정의 뜻을 나타내는 ば가 접속된다. 이처럼 변격동사는 정격동사
와 다르게 활용을 하므로 그때그때 암기해 두어야 한다.

Pattern 01 ~ば ❶

「만약 ~하면」의 뜻으로 전후 관계가 자연스럽게 그렇게
되어 있어, 당연한 결과가 생기는 가정조건을 나타낸다.

もし<ruby>雨<rt>あめ</rt></ruby>が<ruby>降<rt>ふ</rt></ruby>れば<ruby>運動会<rt>うんどうかい</rt></ruby>は<ruby>取<rt>と</rt></ruby>り<ruby>止<rt>や</rt></ruby>めます。

만약 비가 내리면 운동회는 취소하겠습니다.

みんなが<ruby>旅行<rt>りょこう</rt></ruby>に<ruby>行<rt>い</rt></ruby>けば、<ruby>私<rt>わたし</rt></ruby>も<ruby>行<rt>い</rt></ruby>きます。

모두가 여행을 가면 저도 가겠습니다.

Pattern 02 ~ば ❷

항상 존재하는 조건을 나타낸다. 앞의 조건이 있으면 뒤
의 사항이 언제든지 일어나는 경우에 쓴다.

<ruby>秋<rt>あき</rt></ruby>になれば<ruby>涼<rt>すず</rt></ruby>しくなります。

가을이 되면 시원해집니다.

ちりも<ruby>積<rt>つ</rt></ruby>もれば<ruby>山<rt>やま</rt></ruby>となる

먼지도 쌓이면 산이 된다. / 티끌모아 태산

Pattern 03 ~ば ❸

또한 ば는 순접의 확정조건을 나타내어 「~해 보면」의 뜻
으로 쓰인다. 즉, 당연한 결과가 일어나는 것을 나타낸다.

この<ruby>山<rt>やま</rt></ruby>に<ruby>登<rt>のぼ</rt></ruby>れば<ruby>遠<rt>とお</rt></ruby>くに<ruby>海<rt>うみ</rt></ruby>が<ruby>見<rt>み</rt></ruby>えます。

이 산을 오르면 멀리 바다가 보입니다.

Pattern 04 ● ~ば ~ほど

가정형 다음에 앞의 것과 동일한 동사의 기본형에 ほど를
접속하면 「~하면 ~할수록」이라는 뜻을 나타낸다.

北へ行けば行くほど寒くなります。
북쪽으로 가면 갈수록 추워집니다.

この本は読めば読むほど面白いです。
이 책은 읽으면 읽을수록 재미있습니다.

Pattern 05 ● ~さえ~ば

さえ 다음에 동사의 가정형이 오면 「~만 ~한다면」의 뜻
으로 그것만으로 일이 충족됨을 나타낸다.

これさえあれば他には何も要りません。
이것만 있으면 다른 것은 아무것도 필요 없습니다.

Pattern 06 ● ~も~ば

조사 も 다음에 동사의 가정형이 이어지면 「~도 ~하며」
의 뜻으로 동작을 열거한다.

彼女は英語もできれば、日本語もできます。
그녀는 영어도 할 줄 알고 일본어도 할 줄 압니다.

명령형·가능형

일본어의 동사의 명령형은 그 말 자체가 어감이 거칠기 때문에 일상 회화에서는 많이 쓰이지 않는다. 그러나 남자들이 친한 사이에서 거칠게 이야기할 때나 군대용어 또는 표지판 등에는 쓰인다. 주로 **なさい** 형태로 많이 쓰이며, 명령형 뒤에 종조사 **よ**를 접속하면 다소 부드러운 느낌을 주기도 한다. 또한, 금지 명령을 나타낼 때는 동사의 기본형에 **な**를 접속하여 표현한다.

명령형	~해
명령형~**と**	~하라고
금지명령~**な**	~하지마라
~e**る**	~할 수 있다
~**られる**	~할 수 있다
~**ことができる**	~할 수가 있다

＊ 5단동사의 명령형은 어미 **う**단을 **え**단으로 바꾸어 주면 되고 뒤에 접속되는 말은 없다. 상1단·하1단동사의 경우는 **る**를 **ろ**로 바꾸어 주면 되고 마찬가지로 뒤에 접속되는 말은 없다. 또한 **る**를 없애고 조사 **よ**를 접속하여 명령형을 만들기도 한다. 변격동사 **くる**와 **する**는 어간과 어미가 모두 변하여 각각 **くる**는 **こい**로, **する**는 **しろ**와 **せよ**의 두 가지 형태가 있다. **せよ**는 주로 문장체에서 쓰인다.

＊ 5단동사의 가능형은 어미 **う**단을 **え**단으로 바꾸어 동사를 결정짓는 **る**를

접속하여 하1단동사로 만들면 가능동사가 된다. 상1단·하1단동사의 경우
는 る를 탈락시키고 られる를 접속하면 가능형이 된다.

* 변격동사 くる는 こられる이며, する는 できる라는 독립된 가능동사가
있기 때문에 가능형은 없다. 또한 일본어에서 가능표현을 만드는 방법에는
위의 가능형과, 기본형에 ことができる를 접속하여 만드는 방법이 있다.

Pattern 01 ● 동사의 명령형

명령형은 그자체가 어감이 거칠기 때문에 일상에서는 많
이 쓰이지 않는다. 그러나 남자들이 친한 사이에서 거칠
게 이야기할 때나 군대용어 또는 표지판 등에는 쓰인다.
주로 なさい 형태로 많이 쓰이며, 명령형 뒤에 종조사 よ
를 접속하면 다소 부드러운 느낌을 주기도 한다.

ぐずぐずしないで早(はや)く行(い)け。
꾸물거리지 말고 빨리 가.

道路(どうろ)に「止(と)まれ」と書(か)いてあります。
도로에 「멈춰」라고 쓰여 있습니다.

Pattern 02 ● 명령형+と~

일본어 동사의 명령형은 어감이 거칠기 때문에 직접적으
로는 그다지 쓰이지 않고 문장 속에서 인용이나 설명을
나타내는 조사 と가 접속되어 쓰인다.

先生(せんせい)はもっと熱心(ねっしん)に勉強(べんきょう)しろと言(い)いました。
선생님은 더욱 열심히 공부하라고 말했습니다.

将軍が兵士たちにみんな集まれと命令しました。

장군이 병사들에게 모두 모이라고 명령했습니다.

Pattern 03 ● ~な

な는 해서는 안 된나는 금지를 나타내는 경우에 쓰며, 동사의 기본형에 접속한다. 여자들은 보통 쓰지 않고, 남자도 손윗사람에게 쓸 수 없다. 참고로 동사의 중지형에 な가 접속하면 가벼운 명령을 나타낸다.

あまり大きな声でしゃべるな。

너무 큰 소리로 지껄이지 마라.

人が話しているのに笑うな。

남이 이야기하고 있는데 웃지 마라.

ぐずぐずしないで早く歩きな。

꾸물거리지 말고 빨리 걸어라.

Pattern 04 ● ~eる (5단동사)

5단동사의 가능형은 어미 う단을 え단으로 바꾸고 동사를 결정하는 る를 접속하면 된다. 「~할 수 있다」의 뜻으로 가능을 나타내며 활용은 하1단동사와 마찬가지다. 그 행동의 대상이 되는 것에는 주로 조사 が가 쓰인다.

このお金で時計が買える。

이 돈으로 시계를 살 수 있다.

僕はまだ難しい漢字は読めない。

나는 아직 어려운 한자는 읽지 못한다.

Pattern 05 　~られる

상1단·하1단동사의 가능형은 る를 떼고 られる를 접속하면 된다. 우리말의 「~할 수 있다」의 뜻으로 가능을 나타내며 활용은 하1단동사와 마찬가지다.

うちの子はひとりで服が着られる。

우리 아이는 혼자서 옷을 입을 수 있다.

あした朝早く起きられればいいのに。

내일 아침 일찍 일어날 수 있으면 좋겠는데.

Pattern 06 　~ことができる

동사의 기본형에 ことができる를 접속하여 쓰이는 가능 표현이 있다. 가능표현의 경우는 그 행동의 대상이 되는 것에 조사 を를 쓴다.

お子さんはピアノを弾くことができますか。

아드님은 피아노를 칠 수가 있습니까?

ぼくはまだ車を運転することができません。

나는 아직 차를 운전할 수가 없습니다.

Unit 13 의지형

동사의 의지형 (よ)う는 동작·작용의 의지를 나타내기도
하고, 권유를 나타내기도 한다. 또한 추측의 용법으로도
쓰이지만, 추측형에서 배웠듯이 주로 동사의 기본형에
だろう를 접속하여 표현하는 것이 일반적이다. 동사의 의
지형 (よ)う는, 그 자체로 문장을 종지할 수 있으며, 조사
かな と 등이 이어진다.

~(よ)う	~하겠다(의지)
~(よ)う	~하자(권유)
~(よ)う	~할 것이다(추측)
~(よ)うと思う	~하려고 생각하다
~(よ)うとしている	~하려고 하다
~だろう	~할 것이다

※ 5단동사의 권유형은 어미 う단을 お단으로 바꾸고 권유·의지·추측을 나타
내는 조동사 う를 접속한다. 상1단·하1단동사의 경우는 る가 탈락되어 권
유·의지·추측을 나타내는 조동사 よう가 접속된다.

※ 변격동사 くる는 어간이 こ로 바뀌어 권유·의지·추측을 나타내는 조동사
よう가 접속한다. 또한 する는 어간이 し로 바뀌어 권유·의지·추측을 나
타내는 조동사 よう가 접속한다.

의지형은 상황에 따라 말하는 사람의 의지를 나타내며
우리말의 「~하겠다」의 뜻이 된다.

駅前で君が来るまで待とう。

역전에서 네가 올 때까지 기다리겠다.

お前が行けば俺も行こう。

네가 가면 나도 가겠다.

これから偏食しないで何でも食べよう。

이제부터 편식하지 않고 무엇이든 먹겠다.

~(よ)うは「~하자」의 뜻으로 상대방에게 어떤 행동을 할
것을 권유하기도 한다.

じゃ、仕事をやめて早く行こう。

그럼, 일을 그만두고 빨리 가자.

もっと安売りしたら、そのとき買おう。

더 싸게 팔면 그 때 사자.

추측의 뜻을 나타내기도 하지만 현대어에서는 그다지 쓰
이지 않고, 동사의 기본형에 だろう를 접속하여 추측을
나타내는 것이 일반적이다.

吉村さんは今どこかで一杯飲もう。

요시무라 씨는 지금 어디선가 한 잔 마시겠지.

驚くな、そういうこともあろう。

놀라지 마라, 그런 일도 있겠지.

의지형에 ~と思う를 접속하면 「~하려고 하다」의 뜻으로 말하는 사람의 의지를 완곡하게 표현한다.

今晩友達に手紙を書こうと思います。

오늘밤 친구에게 편지를 쓰려고 합니다.

これから真面目に勉強しようと思っています。

이제부터 착실히 공부하려고 합니다.

동사의 의지형에 ~う(よう)としている를 접속하면 「~하려고 하다」의 뜻으로, 어떤 일이 막 일어나려고 하는 상태를 나타낸다.

すべてが終わろうとしている。

모든 것이 끝나려고 한다.

彼はいま出発しようとしています。

그는 지금 출발하려고 합니다.

PART

5

조동사

1. 조동사란?

조동사란 활용을 하는 부속어로주로 용언에 접속되어 여러 가지 구체적인 의미를 첨가하여, 그 표현의 내용을 보다 확실하게 해 주는 품사이다.

> ① これは鉛筆だ。 이것은 연필이다.
>
> ② 僕は学校へ行った。 나는 학교에 갔다.
>
> ③ まるで夢のようだ。 마치 꿈과 같다.

* 위의 예문 ①의 조동사 だ는 단정의 의미를, ②의 조동사 た는 과거·완료의 의미를, ③의 조동사 ようだ는 비유의 뜻을 나타낸다.

2. 조동사의 특징

① 부속어로 단독으로 문절을 이룰 수 없고, 10품사 중에 조동사와 조사 두 품사가 이에 속한다.

② 조사는 활용이 없고, 조동사는 활용이 있다.

③ 주로 용언에 접속한다

④ 술어에 여러 뜻을 덧붙여 그 뜻을 확실하게 한다.

3. 조동사의 분류

조동사를 분류함에 있어서는 일반적으로 의미상 분류,
접속상 분류, 활용상 분류로 나눌 수 있다.

① 의미상 분류

분 류	조동사	의 미
사 역	~せる·させる	~시키다
수 동	~れる·られる	~받다, 당하다
가 능	~れる·られる	~할 수 있다
자 발	~れる·られる	~되다
존 경	~れる·られる	~하시다
단 정①	~だ	~이다
단 정②	~です	~입니다
정 중	~ます	~ㅂ니다
부 정	~ない, ぬ	~지 않다
추 측	~ようだ	~ㄹ 것 같다
비 유	~ようだ	~ㄹ 듯하다
예 시	~ようだ	~ㄹ 것 같다
과 거	~た	~했다
희 망①	~たい	~하고 싶다
희 망②	~たがる	~하고 싶어하다
부정추측	~まい	~지 않을 것이다
부정의지	~まい	~지 않겠다
추 정	~らしい	~ㄹ 것 같다
의 지	~う·よう	~ㄹ 것이다
전 문	~そうだ	~라고 한다
양 태	~そうだ	~것 같다

② 접속상 분류

접속형	조 동 사
부정형	~せる·させる, れる·られる, ない, ぬ
중지형	~たい·たがる, ます, そうだ(양태)
과거형	~た
기본형	~そうだ(전문), らしい, まい
연체형	~ようだ
의지형	~う·よう
체 언	~らしい, だ, です

③ 활용상의 분류

활 용	조 동 사
동 사	~せる·させる, れる·られる, たがる
형 용 사	~ない, たい, らしい
형용동사	~そうだ, ようだ, だ
특수활용	~ます, です, た, ぬ
무 변 화	~う·よう, まい

사역의 ~せる・させる

1. 의미

사역의 조동사란 다른 사람에게 어떤 행동을 하도록 하여 그대로 실행하는 경우에 쓴다. 우리말의 「~하게 하다, ~시키다」라는 뜻으로 해석된다.

学生(がくせい)が字(じ)を書(か)く。 학생이 글씨를 쓰다.

→ 学生に字を書かせる。

　　학생에게 글씨를 쓰게 하다.

赤(あか)ちゃんがご飯(はん)を食(た)べる。 아이가 밥을 먹다.

→ 赤ちゃんにご飯を食べさせる。

　　아이에게 밥을 먹이다.

---

2. 접속

사역의 뜻을 나타내는 조동사는 동사에만 접속하며 せる・させる가 있다. せる는 5단동사의 부정형에, させる는 상1단·하1단동사 의 부정형에 접속한다. 즉, 5단동사는 어미 う단이 あ단으로 바뀌어 せる가 접속하고, 상1단·하1단동사는 る가 탈락된 상태에 させる가 접속한다. 변격동사 する는 させる이고, くる는 こさせる이다.

3. 활용

사역의 뜻을 나타내는 **せる·させる**는 형태상 하1단동사를 취하므로 하1단동사와 동일하게 활용을 한다.

~(さ)せない	~하게 하지 않다
~(さ)せます	~하게 합니다
~(さ)せて	~하게 하고
~(さ)せた	~하게 했다
~(さ)せたら	~하게 한다면
~(さ)せる	~하게 하다
~(さ)せる時	~하게 할 때
~(さ)せろ	~하게 해라
~(さ)せれば	~하게 하면
~(さ)せよう	~하게 하자
~しめる	~하게 하다
~(さ)せてください	~하게 해 주세요

Pattern 01 ● ~(さ)せる의 활용예

子供にそんなにご飯を食べさせないでください。

아이들에게 그렇게 밥을 먹이지 마세요.

先生が学生に一冊の本を暗記させます。

선생님이 학생에게 한 권의 책을 암기시킵니다.

友達はここで私を待たせて、まだ来ない。

친구는 여기서 나를 기다리게 하고 아직 오지 않는다.

私は子供の喧嘩を止めさせた。

나는 어린이의 싸움을 말렸다.

あの子はひとりで行かせたら、行かないだろう。

저 아이는 혼자서 가게 한다면 가지 않을 것이다.

学生に本を読ませたり、字を書かせたりする。

학생에게 책을 읽히기도 하고 글씨를 쓰게 하기도 한다.

新聞によると人工的に雨を降らせるそうです。

신문에 의하면 인공적으로 비를 내리게 한다고 합니다.

あの人はいつも人を待たせる癖がある。

저 사람은 항상 사람을 기다리게 하는 버릇이 있다.

監督はコーチに少し選手を休ませろと命令した。

감독은 코치에게 좀 선수를 쉬게 하라고 명령했다.

私に作らせば、もっと上手に作りますよ。

나에게 만들게 하면 더 잘 만들겠어요.

弟をお使いに行かせればいいのに。

동생에게 심부름을 보내면 좋을 텐데.

学生に日本の映画を見させようと思っています。

학생에게 일본영화를 보게 하려고 합니다.

Pattern 02 ● 사역형의 여러 가지 용법

다른 사람을 움직이게 하는 역할을 하기도 하고, 방임
·묵인·방치·방관을 나타내기도 한다.

うっかりして干物を腐らせてしまいました。

깜박 잊고 건어물을 썩게 하고 말았습니다.

Pattern 03 ● ~(さ)せてください

사역형에 의뢰·요구를 나타내는 ~てください를 접속하
면, 일본어 특징의 하나로 「~하고 싶다」는 뜻으로 말하는
사람의 간접적인 희망을 나타낸다.

それは私にやらせてください。

그것은 제가 하겠습니다. /저에게 시켜 주세요.

Pattern 04 ● ~(さ)せてもらう(いただく)

~(さ)せてもらう는 행동을 할 기회를 달라는 표현으로 다
른 사람의 허가를 얻어서 비로소 행동하는 듯한 느낌을
주지만, 자기의 의지를 강하게 나타내는 표현이다.

今度会社を辞めさせてもらいます。

이번에 회사를 그만두겠습니다.

三日間 臨時休業させていただきます。

3일간 임시휴업하겠습니다.

수동의 ~れる·られる

1. 의미

동사의 수동형을 만드는 れる와 られる는 주어의 의지로 행동이 이루어진 것이 아니라, 주어가 자기 의지와는 관계없는 요인으로 행동을 받게 되는 경우에 쓰인다. 따라서 타인으로부터 어떤 행동을 받는다는 뜻이다.

> 先生が私を誉める。 선생님이 나를 칭찬하다.
>
> → 私は先生に誉められる。
>
> 나는 선생님께 칭찬받다.
>
> 母がぼくを叱る。 어머니는 나를 꾸짖다.
>
> → ぼくは母に叱られる。
>
> 나는 어머니께 꾸중듣다.

2. 접속

수동의 뜻을 나타내는 조동사는 동사에만 접속하며 れる·られる가 있다. れる는 5단동사의 부정형에, られる는 상1단·하1단동사 의 부정형에 접속한다. 즉, 5단동사는 어미 う단이 あ단으로 바뀌어 れる가 접속되고, 상1단·하1단동사는 る가 탈락된 상태에 られる가 접속된다.

3. 활용

수동의 뜻을 나타내는 れる・られる는 형태상 하1단동사
를 취하므로 하1단동사와 동일하게 활용을 한다.

~(ら)れない	~받지 않다
~(ら)れます	~받습니다
~(ら)れて	~받고
~(ら)れた	~받았다
~(ら)れたら	~받는다면
~(ら)れる	~받다
~(ら)れる時	~받을 때
~(ら)れろ	~받아라
~(ら)れれば	~받으면
~(ら)れよう	~받겠다

Pattern 01 ● **~(ら)れる의 활용예**

これはだれにも見られないようにしてください。

이것은 아무에게도 들키지 않도록 하세요.

私は山村さんに食事に招待されました。

저는 야마무라 씨에게 식사를 초대받았습니다.

私は虫に刺されて、痛くてたまりません。

나는 벌레에게 물려 아파서 죽겠습니다.

194

私は部長に仕事を頼まれた。

나는 부장님께 일을 부탁받았다.

父は母に頼まれたら、何もかも買ってきます。

아버지는 어머니께 부탁받으면 무엇이든 사옵니다.

学生は先生に誉められたり叱られたりする。

학생은 선생님께 칭찬받기도 하고 꾸중듣기도 한다.

この猫は子供によって育てられる。

이 고양이는 아이들에 의해 길러진다.

夜遅く来られる時は迷惑だ。

밤늦게 올 때는 귀찮다.

ボールは痛くないように投げられろ。

볼은 아프지 않게 받아라.

みんなに喜ばれれば僕も嬉しい。

모두가 기뻐해 주면 나도 기쁘다.

彼はきっと先生 指摘されようと思います。

그는 반드시 선생님께 지적받으리라 생각합니다.

Pattern 02 ● 직접수동

동작의 영향을 직접 받는 수동을 직접수동이라고 한다.
직접수동은 우리말에서 「기, 리, 히, 이」가 따르는 동사에
의해서 일부 바꿀 수 있으며, 또한 「받다, 당하다」와 같은
동사를 써서 의미상으로 바꿀 수 있는 것도 있다.

犬が僕を噛んだ。

개가 나를 물었다.

→ 僕は犬に噛まれた。

나는 개에게 물렸다.

彼は彼女を殴った。

그는 그녀를 때렸다.

→ 彼女は彼に殴られた。

그녀는 그에게 맞았다.

Pattern 03 ● 소유자수동

대상격의 소유자가 수동문의 주제로 바뀌는 수동구문을
소유자수동이라 부르기도 한다.

兄が僕の日記を読んだ。

형이 내 일기를 읽었다.

→ 僕は兄に日記を読まれた。

형이 내 일기를 훔쳐보았다.

友達が僕の弁当を食べた。

친구가 내 도시락을 먹었다.

→ 僕は友達に弁当を食べられた。

친구가 내 도시락을 말도 없이 먹었다.

196

일본어에서는 우리말에는 없는 상대방이나 다른 것의 행동으로 자기가 피해를 받는다고 생각하는 경우에는 습관적으로 수동표현을 쓰며, 이것을 흔히 간접수동 또는 피해의 수동이라고 한다.

子供が泣く。

→ 夜中に子供に泣かれて困りました。

밤중에 아이가 울어서 난처했습니다.

父が死ぬ。

→ 幼い時父に死なれて学校へも行けなかった。

어릴 때 아버지가 돌아가셔서 학교에도 갈 수 없었다.

타동사라도 정신적인 피해를 받는 것이 많고, 그런 경우에도 역시 수동표현을 쓴다.

夫がいびきをかく。

→ 夫にいびきをかかれて、全然眠れませんでした。

남편이 코를 골아 전혀 자지 못했습니다.

兄が風邪を移す。

→ 兄に風邪を移されて、学校を休んでしまった。

형에게 감기를 옮아서 학교를 쉬고 말았다.

Pattern 06 ● 무감정물의 수동

일본어의 무감정물의 수동은 영어의 수동태와는 달리 주
제가 되는 것에는 어떤 일정한 경향과 제약이 따른다.
아래의 예에서 본 바와 같이 무감정물의 수동은 우리말
의 수동「~되다」에 해당하는 경우가 많다.

① 과거의 사실, 역사적인 사실을 말할 때
　この地図は朝鮮時代に作られた。
　이 지도는 조선시대에 만들어졌다.

② 새로운 사태가 일어나거나 물건이 세상에 선보일 때
　オリンピックの記念切手が発売される。
　올림픽 기념우표가 발매되다.

③ 불특정다수가 행한 행위를 주제로 할 때
　基本的人権は尊重されなければならない。
　기본적 인권은 존중되지 않으면 안 된다.

Pattern 07 ● 가능의 용법

~(ら)れる는「~할 수 있다」의 뜻으로 동사의 기본형에
접속하여 쓰이는 ~ことができる와 같은 뜻을 나타낸다.

　時間がなかったのであの映画は見られなかった。
　시간이 없어서 그 영화는 볼 수 없었다.

~(ら)れる는 「~하시다」의 뜻으로 상대방의 행위나 동작을 높여 말하는 존경의 용법으로도 쓰인다.

お国へはいつ帰られますか。

고향에는 언제 가십니까?

~(ら)れる는 심리적인 활동을 나타내는 일정한 동사에 접속하면 저절로 그렇게 되다라는 뜻을 나타낸다.

동사	의미	동사	의미
思う	생각하다	思い出す	생각해내다
案じる	염려하다	感じる	느끼다
忘れる	잊다	覚える	외우다
考える	생각하다	恥じる	부끄러워하다
心配する	걱정하다	忍ぶ	그리워하다

＊ 위의 동사에 ~(ら)れる가 이어졌다고 해서 반드시 자발의 용법이 되는 것이 아니다. 따라서 문장 전체를 파악해야 한다.

この曲を聞くと学生時代のことが思い出される。

이 곡을 들으면 학생시절의 일이 생각난다.

1. 의미

らしい는 어떤 것에 대해 ① 단정적으로 말할 수 없지만, 그때의 여러 가지 정보로서 객관적인 근거를 바탕으로 하여 거의 사실이라고 판단될 때에 쓰인다. 또 ② 다른 사람에게 들었다든가, 눈으로 보았으나 단정하기를 피할 때, 또한 책임 있는 발언하기를 꺼릴 때도 쓰인다.

2. 접속

① 체언에 접속한다.

空を見るとあしたは雨らしい。

하늘을 보니 내일은 비가 올 것 같다.

② 동사에 접속한다.

あしたは休みだから彼女も行くらしい。

내일은 쉬니까 그녀도 갈 것 같다.

③ 형용사에 접속한다.

今年の冬は去年に比べて寒いらしい。

올 겨울은 작년에 비해 추울 것 같다.

④ 형용동사의 어간에 접속한다.

ここは駅が近くて便利らしい。

여기는 역이 가까워서 편리한 것 같다.

⑤ 조동사에도 접속한다.

あの子は学校では誉められたらしい。

저 아이는 학교에서는 칭찬받은 것 같다.

⑥ 조사에도 접속한다.

もうこれまでらしい。

이제 이것뿐인 것 같다.

3. 활용

らしい는 어미가 い로 형용사와 똑같은 형태를 취하므로 형용사처럼 활용을 한다. 부정형의 경우는 활용어의 부정형에 접속하여 쓰인다.

~らしい	~듯하다
~らしいようす	~듯한 모습
~らしいです	~듯합니다
~らしかった	~듯했다
~らしかったら	~듯한다면
~らしかったり	~듯하기도 하고
~らしく	~듯이
~らしくて	~듯해서

4. 용례

傘_{かさ}をさしていないところを見_みると、雨_{あめ}は止_やんだらしい。

우산을 쓰고 있지 않은 것을 보니 비는 그친 것 같다.

今年_{ことし}は梅雨明_{つゆあ}けが遅_{おそ}いらしいです。

올해는 장마가 늦게 걷히는 것 같습니다.

向_むこうから山田_{やまだ}さんらしい人_{ひと}がやってきました。

저쪽에서 야마다 씨인 듯한 사람이 다가왔습니다.

彼_{かれ}の話_{はなし}を聞_きくと、かなり大変_{たいへん}らしい。

그의 이야기를 들으면 꽤 힘든 것 같다.

ここならタバコを吸_すってもいいらしいです。

여기라면 담배를 피워도 될 것 같습니다.

彼_{かれ}には私_{わたし}の声_{こえ}が聞_きこえなかったらしい。

그에게는 내 목소리가 들리지 않았던 것 같다.

彼_{かれ}は旅行_{りょこう}に出_でかけるらしかった。

그는 여행을 갈 것 같았다.

金_{きん}さんはまだ日本_{にほん}から帰_{かえ}らないらしいです。

김씨는 아직 일본에서 돌아오지 않는 것 같습니다.

夜中_{よなか}に雨_{あめ}が降_ふったらしく、地面_{じめん}が濡_ぬれています。

밤중에 비가 내린 듯 땅이 젖어 있습니다.

できないらしかったら、もう止_やめてください。

할 수 없을 것 같으면, 이제 그만두세요.

전문의 ~そうだ

1. 의미

そうだ는 다른 곳에서 들은 것을 또 다른 사람에게 전할 때 쓰인다. 우리말의 「~이라고 한다」의 뜻이다.

2. 활용

전문을 나타내는 조동사 そうだ의 활용형은 종지형, 정중형, 중지형밖에 없다.

~そうだ	~한다고 한다
~そうです	~한다고 합니다
~そうで	~한다고 해서

3. 접속

전문을 나타내는 そうだ는 활용어의 종지형에 접속한다.

彼は毎日図書館で勉強するそうだ。

그는 매일 도서관에서 공부한다고 한다.

あのアメリカの映画はとても面白いそうだ。

그 미국 영화는 매우 재미있다고 한다.

ソウルの郊外はとても静かだそうだ。

서울의 교외는 매우 조용하다고 한다.

彼のお父さんはお医者さんだそうだ。

그의 아버지는 의사 선생님이라고 한다.

今度は金課長を日本へ行かせるそうです。

이번에는 김과장을 일본에 보낸다고 합니다.

4. 용례

彼女は登山がとても好きだそうだ。

그녀는 등산을 매우 좋아한고 한다.

彼は足を折って病院へ入院したそうです。

그는 다리를 분질러서 병원에 입원했답니다.

東京の夏は蒸し暑いそうで、旅行を止めました。

도쿄의 여름은 무덥다고 해서 여행을 그만두었습니다.

양태의 ~そうだ

1. 의미

そうだ는 앞에서 배웠듯이 전문을 나타내는 용법 이외에, 「~것 같다, ~듯하다」의 뜻으로 현재의 모습이나 상태를 말하는 사람의 눈으로 봐서 그럴 것 같다는 긍정판단을 하는 표현이다.

2. 접속

전문을 나타내는 そうだ와는 달리 양태를 나타내는 조동사 そうだ는 동사의 중지형에, 형용사 · 형용동사의 어간에 접속하며, 체언에는 접속하지 않는다.

기본형	양태	의미
降ふる	降りそうだ	내릴 것 같다
弱よわい	弱そうだ	약할 것 같다
静しずかだ	静かそうだ	조용할 것 같다

* 단, 두 음절로 이루어진 형용사 よい와 ない는 예외적으로 そうだ가 접속할 때는 어간에 さ를 붙여서 쓴다.

　よい → よそうだ → よさそうだ (좋을 것 같다)
　ない → なそうだ → なさそうだ (없을 것 같다)

또한, 형용사나 형용동사의 부정형에는 ~なさそうだ의 형태를 취하지만, 동사의 부정형 ~ない에 접속할 경우에는 ~なさそうだ 의 형태를 취하지 않고, そうだ의 부정형인 ~そうに(も)ない의 형태를 취한다.

3. 활용

そうだ는 형용동사와 동일하게 활용을 하지만 부정형에 있어서는 다르다.

~そうだ	~할 것 같다
~そうです	~할 것 같습니다
~そうだった	~할 것 같았다
~そうにない	~할 것 같지 않다
~そうに	~할 것처럼
~そうな	~할 것 같은
~そうならば	~할 것 같으면

＊ 추측형 ~そうだろう는 상대방에게 확인하는 기분으로 쓰인다. 또, 가정형의 경우는 조사 ば를 생략해서 쓰기도 한다.

4. ~そうだ의 부정문

① 형용사의 부정형

① このお菓子はあまりおいしそうでない。
이 과자는 그다지 맛있을 것 같지 않다.

② このお菓子はあまりおいしくなさそうだ。

이 과자는 그다지 맛있지 않을 것 같다.

* 예 ①의 경우처럼 そうだ의 부정형인 そうでない로 표현하는 경우와, ②
에서처럼 형용사의 부정형에 そうだ에 접속하는 경우가 있다.

② 형용동사의 부정형

① この学校の周りは静かそうでない。

이 학교의 주위는 조용할 것 같지 않다.

② この学校の周りは静かでなさそうだ。

이 학교의 주위는 조용하지 않을 것 같다.

* ①은 そうだ의 부정이고, ②는 형용동사의 부정형에 そうだ가 접속하는
경우가 있다.

③ 동사의 부정형

① 会議はすぐには始まりそうでない。

회의는 곧 시작될 것 같지 않다.

② 空を見ると雨が降らなさそうだ。

하늘을 보니 비가 내리지 않을 것 같다.

③ 今度の試合では勝ちそうに(も)ない。

이번 시합에서는 이길 것 같지도 않다.

* 동사의 경우는 부정표현이 3가지나 있지만, ① ②의 경우는 요즘에는 거의
쓰이지 않고, ③의 경우가 일반적이다. ①은 そうだ의 부정표현이고, ②
의 경우는 동사의 부정형에 そうだ가 접속된 형태로 형용사나 형용동사의

경우처럼 なさそうだ의 형태를 취하지 않는다. ③의 경우는 가장 많이 쓰이는 표현으로 そうにない, そうもない, そうにもない의 형태로 쓰인다.

5. 용례

今日も帰りが遅くなりそうです。
오늘은 귀가가 늦어질 것 같습니다.

これはおもしろそうな小説ですね。
이것은 재미있을 것 같은 소설이군요.

今度の試験は難しくなさそうです。
이번 시험은 어렵지 않을 것 같습니다.

この品物は売れそうにもありません。
이 물건은 팔릴 것 같지 않습니다.

母はうれしそうに待っていました。
어머니는 기쁜 듯이 기다리고 있었습니다.

雨が降りそうなら、かさを持って行きなさい。
비가 내릴 것 같으면 우산을 가지고 가거라.

さっきは雪が降りそうだった。
아까는 눈이 내릴 것 같았다.

このりんごは赤くて、おいしそうです。
이 사과는 빨개서 맛있어 보입니다.

불확실한 단정의 ~ようだ

1. 의미

ようだ는 ①불확실한 단정을 나타내기도 하고, ②비유를
나타내기도 한다. 또, ③예시를 나타내기도 하며, ④목적
을 나타내기도 한다.

① 今の話はどこかで聞いたようだ。
   지금 이야기는 어디선가 들은 것 같다.

② 毎日楽しくてまるで夢のようだ。
   매일 즐거워서 마치 꿈같다.

③ 家具のような大きい物は船で送ります。
   가구와 같은 큰 물건은 배로 보냅니다.

④ 風が通るように窓を開けてください。
   바람이 통하도록 창문을 열어 주세요.

2. 접속

ようだ는 모든 활용어의 연체형에 접속한다.

기본형	よう	의미
行くいく	行くようだ	갈 것 같다
寒さむい	寒いようだ	추울 것 같다
静しずかだ	静かなようだ	조용할 것 같다
夢ゆめ	夢のようだ	꿈같다

3. 활용

ようだ는 형용동사와 동일하게 활용을 한다.

~ようだ	~한 것 같다
~ようです	~한 것 같습니다
~ようだった	~한 것 같았다
~ようで	~한 것 같아서
~ようでない	~한 것 같지 않다
~ように	~하도록
~ような	~한 것 같은
~ようならば	~한 것 같으면

4. 용법

① 불확실한 단정의 용법

島崎さんは少しやせたようですね。

시마자키 씨는 조금 여윈 것 같군요.

吉村さんはきょうも帰りが遅いようです。

요시무라 씨는 오늘도 귀가가 늦는 것 같습니다.

若山さんはまだ韓国語が下手なようです。

와카야마 씨는 아직 한국어가 서투른 것 같습니다.

あの人はまだ日本語が話せないようですね。

저 사람은 아직 일본어를 할 줄 모른 것 같군요.

② 비유의 용법

어떤 모습이나 상태가 무언가를 닮았다고 그것에 비유해서 나타내는 경우에 쓰인다.

ここは外国にいるような感じがします。

여기는 외국에 있는 듯한 느낌이 듭니다.

この湖の水面はまるで鏡のようです。

이 호수의 수면은 마치 거울 같습니다.

吉村さんはささやくような声で話しました。

요시무라 씨는 속삭이는 듯한 목소리로 이야기했습니다.

③ 예시의 용법

비슷한 것, 조건에 맞는 것을 구체적인 예를 들어 설명하거나 그것 자체에 대해 말할 때 쓴다.

だれにでもできるような易しい問題でした。

누구라도 할 수 있을만한 쉬운 문제였습니다.

コーラのような冷たいものが飲みたいです。

콜라 같은 차가운 것을 마시고 싶습니다.

④ 목적의 용법

「~하도록, ~하기 위해」의 뜻으로 동작이나 행위의 목적을 나타내기도 한다. 목적의 용법은 ように가 주로 쓰이며 ような의 형태도 쓰인다.

弟に早く起きるように言いました。

동생에게 일찍 일어나도록 말했습니다.

説明書を読んで内容がわかるようになりました。

설명서를 읽고 내용을 알 수 있게 되었습니다.

5. 용례

寒いのを見ると冬が近づいたようだ。

추운 것을 보니 겨울이 가까워진 것 같다.

彼はそのことについては何も知らないようだった。

그는 그 일에 대해서는 아무것도 모르는 것 같았다.

まるで夢の中にいるような感じがします。

마치 꿈속에 있는 듯한 느낌이 듭니다.

フランスの人形のようでとても可愛いです。

프랑스 인형 같고 매우 귀엽습니다.

まるで石のようにかたいパンを食べさせられた。

마치 돌처럼 딱딱한 빵을 어쩔 수 없이 먹었다.

この曲を聞くと学生時代に戻ったような気がする。

이 곡을 들으면 학창시절로 되돌아간 듯한 느낌이 든다.

早くパソコンが使えるようになりたいです。

빨리 PC를 사용할 수 있게 되고 싶습니다.

日本製品を好むような傾向があります。

일본제품을 좋아하는 듯한 경향이 있습니다.

PART
6

경어
조사

1. 경어의 종류

경어란 말하는 사람이 듣는 사람에 대하여 존경하고, 겸손하고, 정중한 마음으로 표현하는 말이다.

2. 경어의 종류

일본어의 경어에는 그 쓰임에 따라 존경어·겸양어·정중어가 있다.

① 존경어

존경어란 상대방이나 화제에 나오는 제3자 및 그 사람의 동작이나 상태, 또는 그 사람이 가지고 있는 것을 높여서 말하는 경우에 쓰이는 경어를 말한다.

② 겸양어

겸양어는 말하는 사람 자신의 동작을 겸손한 마음으로 낮추어 표현함으로써 그 동작이 향해지는 상대를 존경하게 되는 경우에 쓰는 경어이다.

③ 정중어

정중어는 오로지 이야기를 듣는 사람에 대해 정중한 표현을 하는 것이다. 정중어에는 **ます·です·ございます**가 주로 쓰인다.

Unit 02 존경표현

1. ~ていらっしゃる

~ていく, ~てくる, ~ている의 존경표현으로 「~하고 가시다, ~하고 오시다, ~하고 계시다」의 뜻을 나타낸다.

先生はあなたを待っていらっしゃいます。

선생님은 당신을 기다리고 계십니다.

2. ~てごらんになる

~てみる의 존경표현으로 「~해보시다」라는 뜻이다.

先生はこの本を読んでごらんになりましたか。

선생님은 이 책을 읽어보셨습니까?

3. ~てくださる

~てくれる의 존경표현으로 「~해 주시다」의 뜻을 나타낸다. 의뢰나 요구표현인 ~てください를 더욱 존경스런 표현으로는 「お＋동사의 중지형＋ください」로 나타낸다.

あのすみません。お金を貸してくださいませんか。

저 미안합니다. 돈을 빌려 주시지 않겠습니까?

申しわけありませんが、少々お待ちください。

죄송합니다만, 잠시 기다려 주십시오.

4. ~(ら)れる의 존경표현

조동사 (ら)れる의 용법에서 배웠듯이 수동의 용법 이외에 존경의 용법으로도 쓰인다.

先生<ruby>せんせい</ruby>があした日本<ruby>にほん</ruby>から来<ruby>こ</ruby>られるそうです。

선생님이 내일 일본에서 오신답니다.

5. お~になる

「お＋동사의 중지형＋になる」는 일본어에서 가장 일반적인 존경표현이다. 단, 존경의 뜻을 가진 동사가 있는 경우는 제외한다.

기본형	중지형	お~に る	의미
書く	書き	お書きになる	쓰시다
読む	読み	お読みになる	읽으시다
帰る	帰り	お帰りになる	돌아오시다

先生<ruby>せんせい</ruby>はいつ頃<ruby>ごろ</ruby>お宅<ruby>たく</ruby>にお帰<ruby>かえ</ruby>りになりますか。

선생님은 언제쯤 댁에 돌아오십니까?

この小説<ruby>しょうせつ</ruby>の本<ruby>ほん</ruby>はお読<ruby>よ</ruby>みになりましたか。

이 소설책은 읽으셨습니까?

6. 존경의 접두어 お(ご)

체언에 접두어를 붙여 경의를 나타내는 형식으로 가장 대표적인 것은 お(ご)의 첨가형식이다. お는 보통 고유어

에 붙고, ご는 한자어에 붙는다고 하지만, 반드시 이 원칙
이 적용되는 것은 아니다. 관용적으로 한자어에 お가 붙
은 경우가 많다. 이것은 우리말에 없는 형식으로 굳이
해석할 필요는 없다.

お帽子はどちらでしょうか。
모자는 어느 것이지요?

皆さんのご協力をお願いいたします。
여러분의 협력을 부탁드립니다.

7. 상태를 존경화하는 방법

상태를 나타내는 형용사나 형용동사에 존경의 뜻을 나타
내는 접두어 お를 붙여 존경어화한다. 그러나 모든 형용
사·형용동사에 접두어 お를 붙여 표현하지 않는다.

早い → きょうはお早いですね。
이르다 → 오늘은 이르시군요.

上手だ → 日本語がお上手ですね
잘한다 → 일본어를 잘하시네요.

8. 존경의 동사

동사 중에 특별히 존경의 뜻만을 나타내는 동사를 보면
다음과 같다.

① おっしゃる

言いう(말하다)의 존경어로「말씀하시다」의 뜻을 나타내며, 정중형 ます와 명령형일 경우 る가 い로 변한다.

② なさる

する(하다)의 존경어로 우리말의「하시다」에 해당하며, 정중형 ます와 명령형일 경우 る가 い로 변한다.

③ いらっしゃる

いく(가다), くる(오다), いる(있다)의 존경어로 우리말의 존경어「가시다, 오시다, 계시다」에 해당하는 동사이다.

④ くださる

くれる의 존경어로「주시다」의 뜻의 동사로 명령형은 ください로, くださいませ(まし)의 형태로도 쓰인다.

⑤ めしあがる

食べる(먹다), 飲む(마시다)의 존경어로 우리말의「드시다」에 해당하는 존경의 뜻을 가진 5단동사이다.

⑥ お出でになる

いらっしゃる와 마찬가지로 いく・くる・いる의 존경어로 우리말의「가시다・오시다・계시다」의 뜻을 나타낸다.

⑦ ごらんになる

見る(보다)의 존경어로「보시다」의 뜻을 가진 동사이다.

1. ~てまいる

~てまいる는 ~てくる와 ~ていく의 겸양표현이다.

どうなっているか私が見てまいります。

어떻게 되었는지 제가 보고 오겠습니다.

行って参ります。

다녀오겠습니다.

2. ~ていただく

~て いただく는 ~て もらう의 겸양어로 우리말로 해석하면 「~해 받다」의 뜻이 되지만 「~해 주시다」로 해석하는 것이 자연스럽다.

先生から数学を教えていただきました。

선생님께 수학을 배웠습니다.

3. ~ておる

~ておる는 진행이나 상태를 나타내는 ~ている의 겸양표현으로 「~하고 있다」의 뜻이다.

私は貿易の仕事をやっております。

저는 무역 일을 하고 있습니다.

4. お~する(いたす)

일본어 겸양표현은 동사의 중지형 앞에 접두어 お(ご)를 붙이고, 중지형 뒤에 する를 접속하여 만든다.

お~する는 경우에 따라 「~해 드리다」로 해석되는 경우가 많아 ~てあげる로 표현하기 쉬우나, 이것은 상대에게 은혜를 베푸는 것 같은 느낌을 주므로 실례가 되는 경우가 많다. 따라서 이럴 때는 お~する로 쓰는 것이 적합하다. 또한 する 대신에 いたす를 쓰면 더욱 겸양스런 표현이 된다.

기본형	중지형	お~する	의미
待つ	待ち	お待ちする	기다리다
送る	送り	お送りする	보내드리다
知らせる	知らせ	お知らせする	알려드리다
借りる	借り	お借りする	빌려드리다

あす駅前でお待ちしております。

내일 역전에서 기다리고 있겠습니다.

合格の可否は電話でお知らせいたします。

합격의 가부는 전화로 알려 드리겠습니다.

5. 겸양의 동사

① まいる

参まいる는 いく(가다), くる(오다)의 겸양어이다.

② おる

おるは いる(있다)의 겸양어이다.

③ 申す

申もうすは 言いう(말하다)의 겸양어로, 더욱 겸양스런 말은 申し上ぁげる(말씀드리다)이다.

④ いただく

いただくは もらう(받다), 食たべる(먹다), 飲のむ(마시다)의 겸양어로 아주 많이 쓰이는 동사 중 하나이다.

⑤ いたす

致いたすは する(하다)의 겸양어이다.

⑥ うかがう

うかがうは 聞きく(듣다, 묻다), 訪問ほうもんする(방문하다)의 겸양어다.

⑦ 差し上げる

あげる의 겸양어로 「드리다」의 뜻이다.

⑧ お目にかかる

会ぁう(만나다)의 겸양어로 「뵙다」의 뜻이다.

1. ~ます

동사의 정중형에 접속하는 ます는 「~ㅂ니다」의 뜻으로
정중한 표현을 만든다.

私は毎日朝早く起きて運動をします。

저는 매일 아침 일찍 일어나서 운동을 합니다.

2. ~です

です는 단정을 나타내는 だ의 정중체이다.

吉村さんは貿易会社の平社員です。

요시무라 씨는 무역회사의 평사원입니다.

3. ございます

ございます는 존재를 나타내는 あります의 정중체이다.

有島さんのボールペンはこちらにございます。

아리시마 씨의 볼펜은 이쪽에 있습니다.

4. ~でございます

~でございます는 ~です의 정중체이다.

お探しの商品はこちらでございます。

찾으시는 상품은 이쪽입니다.

1. 조사의 특징

① 부속어이다. ② 활용이 없다.
③ 말과 말에 어떤 관계가 있는가를 나타내기도 하고,
   말에 어떤 뜻을 더해주기도 한다.

2. 조사의 종류

① 격조사

격조사는 주로 체언에 접속되어, 그 체언이 같은 문장
가운데 다른 말에 어떤 관계에 있는가를 나타내며, 그
문절과 문절과의 관계를 나타낸다.

② 접속조사

접속조사는 주로 용언 또는 조동사에 접속되어, 앞말의
의미를 뒷말(주로 용언)에 접속시켜 주는 조사이다.

③ 부조사

부조사는 여러 가지 말에 접속되어 어떤 의미를 첨가하
면서, 그 다음 말에 관계를 미치는 조사이다.

④ 종조사

종조사는 체언·용언 그밖에 다른 말에 접속되어 여러 가
지 의미를 나타내는 조사이다.

① 격조사

격조사는 그 자체가 접속된 문절이 어떤 자격으로 다른 말에 관계를 미치는가를 나타내는 조사이다. 격이란 자격이란 뜻이며, 체언이 하나의 문장 가운데 다른 말에 대하여 갖는 관계를 말한다.

~が ~이(가)	**先生が教える。** 선생님이 가르친다.
~の ~이(가)	**天気のよいときがよい。** 날씨가 좋을 때가 좋다.
~の ~의	**ぼくのカメラです。** 나의(내) 카메라입니다.
~を ~을(를)	**書店で本を買う。** 서점에서 책을 사다.
~へ ~에	**朝早く学校へ行く。** 아침 일찍 학교에 가다.
~に ~에	**公園に遊びに行く。** 공원에 놀러 가다.
~で ~에서	**犬を連れて公園で遊ぶ。** 개를 데리고 공원에서 놀다.
~と ~와(과)	**りんごとなしを食べる。** 사과와 배를 먹다.
~や ~랑	**鉛筆やノートなどを買う。** 연필이랑 노트 등을 사다.

② 접속조사

접속조사는 용언 또는 용언에 접속된 조동사에 접속되어 문절을 만들고 마치 접속사처럼 앞 문장과 다음 문장을 접속시키는 조사이다. 접속조사를 의미상 분류하면 다음 세 가지로 나눌 수 있다.

① 순접조건조사 - ば·と·ので·から
② 역접조건조사 - ても(でも)·けれど(も)·が·のに
③ 단순한 접속조사 - ながら·し·たり(だり)·て(で)

~ば ~하면	風が吹けば遠足は中止しよう。 바람이 불면 소풍은 중지하겠다.
~ので ~해서	雨が降ったので散歩を止めた。 비가 내려서 산책을 그만두었다.
~ても ~해도	苦しくても一生けんめい働こう。 괴로워도 열심히 일하자.
~けれども ~하지만	酒を飲んだけれども酔わない。 술을 마셨지만 취하지 않는다.
~ながら ~하면서	音楽を聞きながら勉強をする。 음악을 들으면서 공부를 하다.
~し ~하고	ラジオも聞くし、テレビも見る。 라디오를 듣고 텔레비전도 보다.
~たり ~하기도 하고	酒を飲んだり遊んだりする。 술을 마시기도 하고 놀기도 하다.
~て ~하여(고)	花が咲いて実がなる。 꽃이 피고 열매가 맺다.

③ 부조사

부조사는 여러 가지 말에 접속하여 구체적인 의미를 첨가해 주는 조사이다. 격조사가 부속한 말의 자격 관계를 나타내는 것이라면, 부조사는 앞의 말이 뒤의 말에 대해서 마치 부사처럼 수식하는 것이다.

~は ~은(는)	バラの花は美しい。 장미꽃은 아름답다.
~だけ ~만, 뿐	ただ見るだけです。 그저 볼 뿐입니다.
~も ~도	赤くも、白くもない。 빨갛지도 하얗지도 않다.
~さえ ~조차, 만	静かでさえあればよい。 조용하기만 하면 된다.
~しか ~밖에	少ししかありません。 조금밖에 없습니다.
~こそ ~이야말로	だからこそ成績がよい。 그렇기 때문에 성적이 좋다.
~でも ~라도	人に見られでもしたら困る。 남에게 보이기라도 하면 곤란하다.
~だけ ~만	君にだけ教える。 너에게만 가르친다.
~ては ~해서는	早く帰ってはいけない。 일찍 돌아와서는 안된다.
~ばかり ~만	こればかりは駄目だ。 이것만은 안 된다.

④ 종조사

종조사는 여러 가지 말에 접속하여 의문·금지·감동·강조 등의 의미를 나타내는 조사이다. 종조사는 종조사끼리 중복되어 접속하기도 하며, 문절이 끊기는 부분, 또는 문말에 접속하는 성질이 있다. 그러나 한 문절의 중간에는 절대로 위치할 수 없고, 다른 조사와 중복하여 접속하는 경우도 반드시 그 뒤에 위치한다.

명사	これは誰のめがねか。 이것은 누구 안경이냐?
동사	今、どこへ行くか。うん行くとも。 지금 어디에 가느냐? 응 가고말고.
형용사	この花、美しいね。たいへん広いな。 이 꽃 예쁘군. 굉장히 넓구나.
형용동사	彼はまじめだよ。ほんとうに便利だね。 그는 착실해요. 정말 편리하군.
접속사	それでね、あれを見に行ったんだよ。 그래서 말이야, 그걸 보러 갔던 거야.
조동사	勉強しますよ。あれは雑誌ですね。 공부하겠어요. 저건 잡지군요.
조사	あれはね、怠け者だよ。 저건 말이야, 게으름뱅이야.
종조사	この料理、とてもおいしいわよ。 이 요리, 매우 맛있어요.